E. PICARD

La Vie

et

l'Éducation du Cœur

PARIS

SOCIÉTÉ FRANÇAISE D'IMPRIMERIE ET DE LIBRAIRIE

ANCIENNE LIBRAIRIE LECENE, OUDIN ET Cie

15, RUE DE CLUNY, 15

1905

La Vie et l'Éducation du Cœur

DU MÊME AUTEUR

Comment traiter l'enfant à l'Ecole ? in-18, 2 fr.,
chez FIRMIN-DIDOT.

L'Education nouvellé à l'« Ecole de Guyenne »,
Bordeaux, IMPRIMERIE GOUNOUILHOU, 1905.

EN PRÉPARATION :

**L'Idée de Vie et la Réforme de l'Enseigne-
ment.**

————— ⅜⅞ —————

E. PICARD

La Vie

et

l'Éducation du Cœur

PARIS

SOCIÉTÉ FRANÇAISE D'IMPRIMERIE ET DE LIBRAIRIE

ANCIENNE LIBRAIRIE LECÈNE, OUDIN ET Cⁱᵉ

15, rue de Cluny, 15

1905

À Madame H. de VAUTIBAUT

Je dédie ce livre en témoignage de ma respectueuse reconnaissance.

E. P.

PRÉFACE

Ce livre est né des besoins de l'action.

Il y a quelques années déjà, une crise pédagogique éclatait. Le besoin se faisait sentir de renouveler les méthodes d'éducation, d'apporter de la lumière, de la joie et de la vie, au sein de l'école, où les énergies de la jeunesse, au lieu de s'épanouir, venaient s'anémier. De généreuses tentatives de réformes se dessinèrent. Il y eut, parmi les jeunes, appelés à l'édification de cette œuvre, un mouvement d'indicible enthousiasme.

Nous le sentions, sans trop nous en rendre compte : l'entreprise était immense. Une idée dominante guidait nos efforts. Nous nous rappelions la grande caserne où notre jeunesse s'était abritée, ses longs corridors tristes et ses salles nues, les étroites cours entourées de hautes murailles noires, la règle dure, la vie monotone, l'isolement moral, le régime de la défiance et de la suspicion, l'atmosphère triste et chagrine où nos âmes se mouraient.

Il fallait donner à la jeunesse plus d'initiative dans sa vie de chaque jour, non seulement l'installer au grand air, en pleine campagne, au sein de la nature, mais la baigner d'une atmosphère morale plus joyeuse et plus parfumée, plus chaude et plus ensoleillée dans la confiance et dans la liberté.

Soupçonnions-nous l'étendue des conséquences que cette idée portait ? Laisser à l'enfant plus d'initiative, plus de liberté, plus de personnalité, le plus d'initiative, le plus de liberté, le plus de personnalité possible, toute l'initiative, toute la liberté, toute la personnalité que comporte la vie d'une école bien assise dans l'ordre et dans le travail, et cela non seulement dans les actes de la vie commune, dans les allées et venues d'un exercice à l'autre, de la salle de classe à la salle d'étude, de la salle à manger à la chambre à coucher, du champ de jeu à l'atelier, mais encore dans tous les actes de la discipline, dans tous les faits de la vie intérieure ; non seulement respecter la liberté de ses mouvements, mais respecter aussi la liberté de son intelligence, de son cœur et de sa volonté.

Le rôle du maître n'était pas de peser sur la vie de l'enfant, pour discipliner sa conduite, ou pour

ordonner son âme, d'obtenir de lui et malgré lui
l'obéissance et le travail, le respect et la soumission, le progrès dans son corps et dans son esprit,
mais bien de le laisser d'abord à lui-même, de le
pousser avec son assentiment si sa marche était hésitante, de le soutenir avec son concours si son pied
était chancelant, de l'encourager d'un regard ou d'un
geste, d'une caresse ou d'un sourire, si sa volonté
était forte. Nous posions le gros problème de l'autorité. Les tâtonnements de l'expérience nous fai-
saient chaque jour préciser la solution. L'autorité à
l'école est trop physique ; elle gouverne l'enfant de
l'extérieur au nom de la règle, de la vérité, du
devoir ; elle lui impose la règle, la vérité, le devoir ;
elle le comprime, l'assujettit, souvent le tyrannise.
L'autorité doit être morale, prendre l'enfant par
l'intérieur, obtenir son libre assentiment à la règle,
à la vérité, au devoir, éveiller et surexciter ses
énergies généreuses, l'affranchir, lui apprendre à
devenir chaque jour davantage son maître. L'autorité physique contraint, commande, exige ; l'autorité morale persuade, conseille, attire (1).

(1) Cf. notre brochure : *Comment traiter l'enfant à l'école ?*
(chez Firmin-Didot).

Mais cette attitude éducatrice enveloppe une grosse question philosophique.

Poser la liberté et la confiance à la base de l'éducation, et demander à l'autorité de mouvoir l'enfant par la persuasion et par la sympathie, n'est-ce pas supposer un désir profond de son être de se conformer à l'ordre ? N'est ce pas croire à l'existence, au cœur de la nature, d'un penchant fondamental vers le bien ? Si cet élan spontané n'existe pas dans l'enfant, comment assurer son progrès vers l'idéal ? Ne court-on pas le risque d'ouvrir les portes toutes grandes aux débordements de ses instincts indisciplinés ?

Telle est la crainte de l'opinion courante parmi les éducateurs ? L'idée seule de laisser quelque temps et quelque part l'enfant avec lui-même, sans surveillance et sans guide, les fait trembler. Initiative leur paraît synonyme d'anarchie; liberté de licence, confiance de désordre. La nature humaine, disent-ils, est foncièrement tournée vers l'indiscipline ; l'ordre doit lui être imposé. Elle est vicieuse essentiellement ; l'amour du bien est une semence à jeter, l'amour du vrai un germe à féconder dans l'âme.

Des deux opinions en présence, laquelle est la

vraie ? Par le fait même que nous agissions, nous prenions parti. L'expérience légitimait notre choix. L'atmosphère de la confiance est saine et vigoureuse. L'âme s'y épanouit ; les principes de résistance meurent en elle progressivement. Le mécontentement et la révolte de l'enfant sont moins une preuve de sa perversité naturelle qu'un témoignage de la maladresse du maître. Si l'on sait gagner son âme et mouvoir avec intelligence ses ressorts d'action, on l'incline facilement vers l'ordre. Le sol est fécond si le jardinier prévient la naissance des mauvaises herbes, ou les arrache avant qu'elles n'étouffent les semences qui grandissent. Notre confiance en la bonté de l'enfant n'est pas celle du rêveur, à qui son amour de l'idéal fait négliger les faits, mais celle de l'homme d'action qui veut croire à l'efficacité de ses efforts, pour être capable de les soutenir.

I

LE PROBLÈME
DE L'ÉDUCATION DU CŒUR

LA VIE ET L'ÉDUCATION DU CŒUR

I

LE PROBLÈME DE L'ÉDUCATION DU CŒUR

I

Nos grands élèves nous ont quittés. A l'automne prochain, quand leurs camarades plus jeunes reviendront sous notre toit, désireux de nos leçons et de nos causeries, de nos conseils et de nos encouragements, eux seront lancés dans la lutte, éprouvant leurs forces. Nous leur avons enseigné la maîtrise d'eux-mêmes. Quelle attitude adopteront-ils en face de la vie? Vont-ils la prendre comme un drame, et tendre tous les ressorts de leur être pour bien y jouer leur rôle, ou bien accueillir ses offres d'un sourire léger, et se laisser glisser sans trop de résistance sur la pente qu'elle leur présentera? Avons-nous suffisamment éclairé leur intelligence et fortifié leur cœur ?

Une puissance d'aimer travaille au plus profond de l'être, épanouie, joyeuse, si elle est satisfaite, indisciplinée, inquiète, si elle est méconnue Qu'avons-nous fait pour l'entourer des tendresses qu'elle désire, pour lui donner les lumières qu'elle réclame ? Qu'avons-nous appris à nos élèves de la vie réelle ? Pendant que nos livres ou nos leçons enrichissaient leur mémoire de vérités mathématiques ou physiques, leur enseignaient les éléments de l'orthographe et de la composition, leur découvraient le passé, les merveilles de la nature ou les inventions des hommes, ne laissions-nous pas le mystère planer sur les problèmes de la naissance et de la génération, sur les vrais plans de Dieu quand il créa l'homme et la femme, sur les faits de leur vie la plus intime?

Nous leur demandions d'être aimants et tendres, généreux et bons ; mais réussissions-nous à étouffer les germes d'égoïsme qui couvaient au fond de leur âme ? Une double puissance se tient au cœur de l'homme : l'une, bienveillante et

sympathique, l'emporte vers la beauté, l'amour
et le désintéressement, lui prépare des sourires
et lui ouvre des bras ; l'autre, jalouse et inquiète,
travaille à le corrompre de ses promesses égoïstes.
Laquelle de ces deux forces l'emportera ? La vie
sera-t-elle un don, un sacrifice, ou bien une
poursuite du plaisir et de la volupté ?

Une sorte de mystère enveloppe à nos yeux les
choses de la vie du cœur ; elles se passent dans
les régions les plus profondes de l'être ; elles jaillissent des sources les plus intimes de la vie en
gerbes de bien ou de mal. Elles nous entraînent
par leur poussée généreuse vers le devoir ; elles
nous surprennent par leur élan passionné vers le
plaisir : mer intérieure toujours instable et capricieuse, à la merci du moindre vent qui agite sa
surface, réservant sans cesse de redoutables surprises, et menaçant l'homme d'un réveil terrible,
quand on la croyait pour toujours disciplinée.

Aussi l'on s'inquiète devant cette force que
l'on croit aveugle, ou bien on se croise les bras
avec une indifférence sceptique. L'opinion générale se croit désarmée. Elle fait la réserve la
plus étroite sur les choses qui intéressent le plus

vivement l'enfant et le jeune homme, sans se
demander si cette réserve-n'est pas une cause
d'excitation morbide pour son imagination, et
n'engendre pas le mal en voulant l'éviter. Assez
volontiers elle se délie de la puissance d'aimer
qui veille en nous; elle la laisse dissatisfaite-
-dans son besoin de curiosité et de tendresse,
espérant l'affaiblir et la discipliner, quand elle ne
fait sans doute que la pousser au mécontentement et à la révolte. Longtemps le mal couve
en silence, et l'on s'illusionne sur l'œuvre de
bonté accomplie dans l'âme de l'enfant. Mais si
d'une main hardie on déchirait le voile qui cache
à nos yeux sa vie intime, on entreverrait souvent
des germes de corruption, un cœur menacé de
mort.

L'orage commence-t-il à gronder? Les parents
et les maîtres opposent au débordement de la
passion et de l'égoïsme le frein de la morale et
de la religion. Mais le succès de leurs efforts ne
dépend-il pas précisément de cette puissance de
mal qui s'avance capricieuse et dissolvante? Le
sens moral et le sens religieux, fins et délicats
jusqu'ici, s'émoussent soudain; une brume

assombrit l'atmosphère intérieure. Les maximes du bien ne tintent plus dans l'âme avec le même timbre musical. Continuons-nous notre zèle de prédication ? Il paraît intempestif. En perdant la confiance du malade, nous perdons en même temps son amitié.

Quel remède efficace attendre, si la plaie est originelle? Car c'est la première hypothèse qui s'offre à l'esprit. Quand on remarque l'existence du mal, il est déjà solidement installé dans quelque repli du cœur. Comment ne pas le mettre sur le compte de la nature ? L'être serait alors, à sa naissance même, marqué d'une tare indélébile, et porterait avec lui un germe de mort. Une autre hypothèse se présente : dans une large mesure, la corruption ne serait-elle pas acquise, ne constituerait-elle pas une déformation de l'être, sous l'influence de causes précises ? On pourrait alors déterminer ces causes, remonter à la source du mal, et l'extirper de sa retraite cachée; on pourrait surtout prévenir la formation de la plaie, et maintenir la santé dans l'âme du jeune homme. Il y aurait ainsi une hygiène du cœur, comme il y a une hygiène du corps. L'être humain, comme

tout être vivant, est soumis à des lois de déve-
loppement ; la connaissance de ces lois faciliterait la direction efficace de l'éducateur.

Les lois du cœur sont assez mal connues. Portés
nécessairement vers l'action, nous sommes d'abord avec les choses plus que nous ne sommes
avec nous-mêmes. Notre curiosité s'éveille-t-elle ?
Elle se tourne vers la connaissance de la réalité
matérielle. Plus tard seulement l'esprit se replie
sur lui-même. Il va d'abord aux faits les plus
apparents et les plus simples ; il constitue la science
des perceptions et des idées, des images et des
souvenirs, des désirs et des actes volontaires. Mais
sous la surface de ces phénomènes dort ou gémit
le *moi* profond, le *moi* sentant. Les mille sons qui
forment sa voix intime, les mille couleurs qui teignent sa physionomie individuelle, les mille mouvements imperceptibles dont se constitue son
progrès, les mille faits émotifs dont se compose à
chaque instant sa tonalité, sont un monde de
choses ondoyantes et diverses où l'analyse devait
tardivement s'aventurer.

Opérer un sondage dans ces régions profondes,
analyser les forces qui s'y meuvent, dégager

quelques lois simples de leur évolution, tirer de leur connaissance quelques moyens efficaces d'action, serait une œuvre utile et attendue. Plus que jamais se pose, impérieux, le problème de l'éducation du cœur.

II

Le choc formidable des volontés menace d'exaspérer les intérêts égoïstes, et de dessécher les âmes. La vie ne doit pas être une sauvage lutte pour l'existence, un conflit violent entre des appétits brutaux, une agitation vaine d'hommes éperdus, qui crient pour dominer la voix des flots grondeurs. L'énergie violente et fougueuse, assoiffée de richesse et de puissance, peut être une cause de ruine pour l'homme et pour la société. Si les nécessités économiques poussent l'homme au déploiement de la force, et demandent qu'il soit chaque jour davantage un guerrier de la vie, une âme de douceur et de bonté, de grâce et de tendresse, doit teindre de ses couleurs esthétiques la physionomie conquérante du héros. « Un fait est incontestable, disait il y a quelque cinquante ans

Michelet : au milieu de tant de progrès matériels, intellectuels, le sens moral a baissé. Tout avance et se développe ; une seule chose diminue, c'est l'âme. » Le poids de la lutte pour la vie pèse de plus en plus sur nos épaules ; à le porter nous nous épuisons, semblables aux soldats fatigués, qui s'avancent péniblement sur la route poudreuse. Le conflit des appétits développe l'égoïsme ; les promesses de jouissances matérielles s'étalent à nos yeux ; nous devenons de plus en plus des instruments d'action et de plaisir ; nous manquons de plus en plus d'une âme. N'est-ce pas cette âme forte et vigoureuse, enthousiaste et tendre, qu'il faut donner à la société languissante ?

Une crise aiguë agite la société. Un vent de révolte et de mécontentement souffle de toutes parts. La vie de famille est atteinte. Le mariage est attaqué ; l'autorité du père est ébranlée ; les relations entre les hommes sont troublées. Les bases sur lesquelles repose la vie sociale sont menacées. L'autorité du mari sur la femme, du père sur l'enfant, du maître sur l'élève, du patron sur l'ouvrier, de l'État sur l'individu, était une autorité surtout physique, consacrée par la coutume et par la loi, et longtemps respectée. A mesure qu'au choc de la vie moderne l'homme s'élève par le savoir et par la valeur intellectuelle, il tend à secouer le joug de l'autorité, quand celle-ci est tout extérieure et brutale. Il aspire à des relations entre les hommes plus persuasives et plus douces. La cité moderne ne veut plus reposer sur la contrainte et sur la force; elle veut de plus en plus asseoir les bases de l'autorité sur l'affection et sur l'amour. L'homme ne doit pas seulement grandir par l'intelligence, mais surtout par le cœur. Les difficultés croissantes de la lutte pour l'existence, au lieu d'exaspérer son égoïsme, doivent le pousser chaque jour plus intensément à la vie la plus féconde et la plus généreuse. Une éducation de la tendresse et de l'amour s'impose.

Lorsque la vie sociale avait pour centre la communauté, et que l'homme s'effaçait devant elle, humble et soumis, le besoin de soutenir les intérêts de vastes groupes développait chez les chefs intensément la grandeur morale. La foule des soldats vivait médiocre, et l'opinion se désintéressait d'elle. Tel l'art du moyen âge sacrifiait le

tronc et les membres pour reporter toutes les
ressources de sa technique sur le dessin de la
tête et l'expression du visage. L'avenir, en donnant une importance chaque jour plus réelle à
l'homme, produira sans doute moins de très grands
chefs dominant la multitude de toute leur taille
de géants ; mais le niveau de la beauté morale
montera dans la masse. Un nouveau spectacle
réjouissant se prépare : une vie plus riche circu-
lant à travers tout l'organisme social, et lui donnant la beauté plastique d'un corps bien propor-
tionné ; une personnalité plus forte, mais aussi
une puissance d'aimer plus généreuse, charme des
relations sociales dans la cité moderne.

La vie de société polie, raffinée, qui s'est développée en France au xvie et surtout au xviie siècle,
offre une physionomie tout intellectuelle. Hommes
et femmes se réunissent sans doute pour un plaisir précis, danse, souper, spectacle, mais davantage pour les charmes de la conversation. Les
salons groupent les beaux esprits qui s'excitent
mutuellement par le contact et donnent ce qu'ils
ont de meilleur. Un fonds de sentiments, d'idées
communes, voilà le thème sur lequel brode la

compagnie en raffinant sur l'expression. La vie mondaine , redoute la personnalité des pensées et des émotions. Si les manières s'y polissent, et l'art des convenances s'y développe, le moi profond s'évanouit en manifestations extérieures et superficielles ; le cœur se dessèche ; et le XVIIIe siècle, en se regardant vivre à travers la *Nouvelle Héloïse*, constate avec effroi l'énorme vide qui s'est creusé dans son âme.

La vie moderne pousse l'homme à la plus haute expression de son être. Plus pressants sont ses besoins d'action, plus tendue doit être sa volonté, plus personnelle son intelligence, plus clos et plus sien le système de ses idées, plus intense aussi sa faculté de sentir, foyer de l'enthousiasme et de l'énergie. Dès lors, n'est-ce pas la ruine progressive de cette vie mondaine qui ravit nos pères? Cette ruine qui s'est annoncée au cours du XIXe sièc'e, va-t-elle se réaliser de plus en plus? ou bien la vie sociale se conservera-t-elle en changeant de pivot?-Elle pourra de moins en moins reposer sur un échange d'idées communes. La divergence des opinions économiques, sociales, politiques, morales et religieuses s'accentuera, en même temps que s'affirmera plus nette l'originalité individuelle. Elle devra se fonder sur des bases affectives. Loin de craindre la personnalité, elle la respectera ; loin de la fuir, elle aimera sa compagnie. La joie de commercer avec de vrais caractères, une fois goûtée, gagnera l'opinion ; la joie d'aimer, chaque jour plus expansive, que l'éducation versera au cœur des hommes, constituera le foyer d'attraction de la nouvelle vie sociale.

II

LA LOI DE DÉVELOPPEMENT
VERS L'ALTRUISME·

LA LOI DE DÉVELOPPEMENT VERS L'ALTRUISME.

I

La vie est un effort de l'être pour organiser en un système harmonieux les mille forces qui travaillent en son sein. Cette graine veut être un rosier, et ce gland un chêne ; cet œuf désire réaliser le rossignol, et cet enfant l'artiste qu'il porte en germe. Mais des forces étrangères contrarient son œuvre. Le gland produirait un beau chêne si le sol était assez riche, le climat assez humide, la chaleur assez intense pour réparer ses forces. Plus la vie s'élève dans l'échelle des êtres, plus sa sensibilité aux chocs de la réalité s'accuse. Toujours est-il qu'intelligente et artiste, elle travaille à son perfectionnement dans tout être, depuis le plus simple jusqu'au plus complexe. Ses efforts sont plus longs pour atteindre son idéal dans l'homme : mais elle se donne le champ illimité de l'espace et du temps. L'individu apporte sa pierre à la construction de l'édifice. L'humanité consigne à chaque instant ses expériences ; elle en constitue le code de sa sagesse ; elle en fait sa science et son art, sa morale et sa philosophie. Et c'est parce qu'elle s'avance de plus en plus vers l'idéal, que sa science et son art, sa philosophie et sa morale s'élargissent pour exprimer plus fidèlement la forme supérieure de vie qu'elle vient d'atteindre.

Ce progrès s'accomplit sous l'action d'une forte poussée pour rompre le réseau des obstacles qui l'entourent. Quand la vie individuelle se manifeste en quelque point de l'espace, c'est la récompense du vouloir-vivre triomphant de la matière. Il est plus faible ici et inconscient, lorsque la victoire est plus aisée ; il est plus vigoureux là, lorsque la victoire est plus difficile, et il provoque l'éveil de l'intelligence, du sentiment et de la volonté, pour assurer sa marche.

Une indéracinable volonté de vivre : tel est le foyer où l'être puise la force et la lumière nécessaires à son développement. Elle obéit à une loi interne, loi concrète et vivante, qui exprime l'individu seul, et s'évanouit lorsque la fleur qu'elle a jetée dans l'espace, pour l'ornement du monde, a perdu son éclat. La vie se développe ainsi ; la raison reflète ce qui se passe dans son atelier profond, elle projette sa pâle lumière tantôt ici, tantôt là, saisit quelques secrets de l'ouvrier invisible, découvre la pensée qui le dirige, et incline la volonté à lui donner son aide.

Est-il possible de retrouver le plan général de son action ? Quand, du rivage, on suit le bateau qui gagne la haute mer, les déviations que provoque la vague s'effacent progressivement, et bientôt l'œil discerne seulement la courbe qui dessine sa marche. Négligeant les mille oscillations de la vie, la raison peut-elle reconstruire la courbe de son développement ?

Se conserver, grandir, se reproduire, telle est la loi de l'être vivant. La cellule choisit dans le milieu qui l'entoure les éléments dont elle peut s'enrichir. A-t-elle atteint un certain degré de croissance, elle donne de nouvelles cellules. La plante se prépare à la reproduction en se parant de ses plus belles fleurs. Plus nous avançons dans la série des êtres, plus la valeur de l'indi-

vidu procréé augmente. La nature fait des efforts
plus grands pour se rendre plus digne de l'œuvre
de la génération. La parure de l'être devient plus
brillante et plus riche. La parure de l'homme,
c'est toute la vie de son corps et de son âme, c'est
l'édifice de son art et de sa science, de sa morale
et de sa philosophie. La beauté de la plante est
toute physique. La beauté morale apparaît avec
la joie de l'animal, à la saison des amours. La
beauté physique et la beauté morale s'épanouissent
dans l'homme avec leur plus sublime éclat.

La loi de la vie n'est donc pas de se replier
sur elle-même, dans une activité égoïste, mais de
se dilater, de s'épanouir et de se perpétuer par
le don d'elle-même. Le plaisir égoïste rape-
tisse l'être moral comme l'être physique. La
nutrition diminue, la circulation se ralentit, les
sensations arrivent moins nombreuses à la conscience, les émotions et les idées s'y meuvent
avec plus de difficulté : de là, la tristesse qui
teint ce sentiment. Le plaisir altruiste dilate
l'être physique aussi bien que l'être moral. La
nutrition devient plus active, le sang circule plus
chaud dans l'organisme ; une sensation de bien-

être arrive à la conscience ; les émotions et les idées, les images et les désirs s'y meuvent avec aisance : de là la joie qui colore cet état d'âme.

L'instinct de la conservation et celui de la reproduction dérivent du désir de vivre. Ce sont les fonctions d'une même puissance, séparées dans les espèces supérieures, selon le principe de la division du travail, plus nettement solidaires à mesure que l'on descend les échelons de la vie, confondues chez les asexués au plus bas degré de la hiérarchie des êtres. « Historiquement, dit le docteur Féré, la génération a pu être comparée à une digestion mutuelle née d'un besoin, d'une faim. La génération n'est qu'une croissance plus ou moins discontinuée, le résultat d'un excès de nutrition. Les organismes inférieurs, en absorbant dans leur milieu plus d'éléments qu'il n'en faut pour réparer leurs pertes, augmentent de volume ; quand cette augmentation dépasse une certaine limite, l'individu se fragmente pour former des êtres nouveaux. Le procédé est plus complexe chez les animaux supérieurs, mais il est le même, et Hæckel a pu appeler la reproduction une excroissance de l'individu. »

Toute la vie de l'homme repose sur ces deux assises fondamentales. L'ordre même que suit la nature pour les produire prouve ses réelles intentions. L'instinct de la conservation n'a pas sa raison en lui-même. L'être vivant se garde et se fortifie pour mieux se donner. L'arbre pousse le tronc et les branches ; les branches nourrissent les fleurs et les fruits ; les fleurs et les fruits sont toute la beauté de la plante. La loi de la nature est ainsi la générosité. La vie riche se teint de couleurs altruistes, depuis l'altruisme le plus grossier et le plus inconscient de la cellule qui donne de nouvelles cellules et meurt de ce grand effort, jusqu'à l'altruisme le plus délicat et le plus voulu du héros et du saint.

Chez l'enfant l'activité altruiste apparaît de bonne heure. D'abord enveloppée, elle grandit petit à petit, et travaille à la réalisation de ses promesses. Assistons aux efforts qu'elle fait pour dessiner en nous cette œuvre de générosité. Pour retrouver ce dessin, nous aurons à secouer la poussière qui a pu le recouvrir. Si l'on veut étudier le chêne, ne va-t-on pas considérer le plus magnifique échantillon de la forêt ? De même,

veut-on retrouver le plan sur lequel la vie travaille, ce serait une injustice de s'arrêter aux
êtres bossus et déviés que les orages ont maltrai-
tés. C'est quand la nature réussit le mieux
qu'elle manifeste le mieux ses intentions.

II

Aux premiers jours qui suivent la naissance,
l'enfant semble absorbé par la préoccupation de
vivre, comme si toutes ses forces s'épuisaient en
réactions organiques pour s'adapter au milieu
qui l'environne. La voix des besoins corporels
arrive à la conscience sous forme de douleur ; le
cri, qui en est l'expression articulée, est un appel
inconscient à un secours étranger. Le besoin
satisfait se traduit par un plaisir. Puis le corps se
replonge dans le sommeil pour réparer ses énergies. Le silence se refait dans l'âme, jusqu'au
prochain réveil des exigences organiques.

Un progrès se réalise quand la nutrition laisse
chaque jour davantage des forces libres, et le
sommeil, du temps disponible. La victoire de
l'esprit sur la matière s'affirme alors, et les pre-

mières lueurs de la vie altruiste éclairent la
conscience. L'enfant observe ; à l'imitation des
êtres qui l'entourent, il ébauche des mouvements.
La mère sourit-elle ? ses lèvres et son visage
esquissent un maladroit sourire, où l'on entrevoit
à peine une étincelle de sentiment, mais c'est la
première manifestation de ce geste délicat où
l'âme met sa grâce et sa beauté. Si la sympathie,
tout organique qu'elle est encore, nous semble
une première démarche vers l'altruisme, c'est
qu'elle suppose une économie de forces réalisée sur
les besoins de la nutrition, une première tentative
de l'être pour les dépenser à son enrichissement.

Les forces du corps s'affermissent ; le champ
de la conscience s'éclaire. L'enfant se sent vivre ;
la sensation d'une certaine plénitude d'être
l'inonde de joie ; il veut la traduire au dehors,
et comme manifester sa reconnaissance de ce
nouveau bonheur. Il se rapproche de sa nourrice,
se serre contre elle, l'enveloppe de ses bras caressants. C'est déjà de la tendresse qu'il exprime.
Peut-être ce geste est-il né d'abord sous le choc
de la peur. A l'aspect d'un objet inconnu, l'enfant
se blottit sur le sein maternel. Mais, dans ce

contact, des sensations de caresse et de toucher effleurent sa conscience ; le souvenir de leur volupté s'associe à l'image de sa mère, au charme de sa voix, à la grâce de son sourire. Comment, pour retrouver cet état d'âme agréable, ne songerait-il pas à reproduire le geste, quand il sent en lui une plénitude d'être qui demande à se dépenser ? L'émotion tendre exprime bien en effet une vie qui déborde. Comme dans la joie, la respiration augmente, la circulation s'active ; la sécrétion des glandes est plus abondante. Les yeux brillent; sous l'influence de la pression sanguine, les glandes lacrymales fonctionnent, et des pleurs coulent des paupières. Tout l'organisme se détend. Des sensations modérées et reposantes constituent l'atmosphère intérieure. Est-ce vraiment de l'altruisme que cette tendresse de l'enfant de dix mois, Darwin l'aurait même notée à deux mois ? Sans doute la vraie tendresse naîtra dans le cœur avec de plus hautes manifestations de la vie intellectuelle. Mais nous sommes sur le chemin qui y mène. La nature se cherche, se travaille ; elle s'émancipe de l'égoïsme pur.

Quand apparaissent les premières lueurs de l'intelligence, l'enfant remarque ce qui se passe sous ses yeux. Il associe à certaines personnes le souvenir de douleurs guéries, de plaisirs procurés. Il se montre capable d'affection : affection passive encore et qui reçoit plus qu'elle ne donne, première tentative de la sensibilité pour s'objectiver. De quatre à sept ans, ses forces augmentent, il peut déjà en abuser contre lui-même et contre les autres ; sa raison se développe, et conquiert la notion de la chose utile et de l'être bienveillant. Son affection devient plus active et plus éclairée, en se colorant de reconnaissance. Sa liberté naissante apprend à rendre service et trouve du plaisir dans la bienfaisance. L'émotion qu'il éprouve trahit par sa douceur la vraie pente que doit suivre son activité. Les témoignages de bienveillance et d'affection, les sourires et les tendresses qu'il reçoit, le confirment dans ce sentiment.

L'enfant gagne ainsi l'âge de douze à quatorze ans. Il ne possède pas encore toutes les fonctions organiques de l'homme ; sa vie intellectuelle et morale ne jouit pas de toutes les facultés qui l'orneront un jour. L'instinct de la génération sommeille ; le corps est sans trouble et l'âme sans inquiétude. Il s'aime, non d'un amour réfléchi, intéressé, mais d'un amour spontané, naturel ; il ne se compare pas à autrui, il vit pour lui-même et par lui-même : il se suffit. Aussi songe-t il peu à flatter et à plaire, et juge-t-il hommes et choses avec toute l'indépendance de l'être autonome. Mais sur ce fond d'égotisme passent des courants de sympathie, de tendresse et de bienveillance : manifestations encore ébauchées de la vraie vie du cœur, tendances timides encore à l'altruisme, parce que l'être de l'enfant est trop pauvre pour se donner. Mais la direction de l'avenir est marquée là. L'enfant d'abord travaille à sa conservation ; il joue ensuite, il sourit, il apprend l'affection et la caresse ; bientôt enfin l'heure du désintéressement va sonner.

Une transformation s'opère dans tout son être. Je ne sais quel trouble l'agite, mille forces inconnues travaillent en son sein, indisciplinées. Sa voix mue ; son œil brille ; un léger duvet apparaît sur son menton. Au contact d'une main féminine, sa vue se trouble, son visage rougit, sa voix tremble ; une sensation de volupté et de malaise à

la fois remplit sa conscience. La nature le doue
d'une puissance mystérieuse ; l'homme se fait en
lui. Désormais le centre de sa vie change. Il ne
se suffit plus à lui-même dans son corps ; mais
la nature le pousse à chercher un autre corps, en
qui se parfaire. Au souvenir d'un plaisir donné,
l'enfant, pour exprimer sa reconnaissance, enve-
loppait sa mère ou son bienfaiteur de ses bras
caressants. Le jeune homme se rapproche spontanément de ceux qu'il aime, il recherche le contact, il aime la caresse. Il ignore encore vers quelle
fin la nature l'entraîne ; mais il la suit docile,
laissant percer ainsi les espérances qu'elle met en
lui.

Le jeune homme ne se suffit pas davantage
dans sa vie intérieure. Il était jusqu'ici le centre
spontané de ses associations et de ses pensées ; le
foyer d'attraction de sa vie morale se déplace. Il
ne s'intéressait vraiment ni aux autres ni à lui-
même, comme absorbé dans un rêve intérieur. Il
commence à se voir lui-même et à regarder les
autres. Il apprécie davantage son être, en même
temps qu'il sympathise mieux avec les joies
et les tristesses des hommes qui l'entourent.

Progressivement se réalise en lui la belle pensée du poète :

« Humani nihil a me alienum puto. »

Le désir l'envahit de plaire, d'aimer et d'être aimé. Mais plus il aime, plus les objets de son amour lui sont chers ; plus il les fait siens, plus il les attache à sa personnalité naissante, plus il sent aussi sa propre valeur. C'est pourquoi nous le voyons s'enthousiasmer, s'impatienter, combattre avec ardeur pour les objets de son affection, parce qu'en les perdant, c'est beaucoup de son âme qu'il perd.

Les plans de la nature sont nets. Elle a créé le besoin de la caresse et le désir d'aimer, dans la pensée de la génération. Ce sont deux forces d'attraction dont elle se sert pour pousser dans les bras l'un de l'autre le couple qu'elle a choisi. Pour satisfaire ce besoin et ce désir, elle les incite irrésistiblement à multiplier en eux les charmes et les attraits ; elle leur donne l'idéal pour les mouvoir de son enthousiasme, et leur faire vouloir énergiquement la force et la beauté. « L'idéal tourmente les natures lés plus gros-

sière», dit quelque part Théophile Gautier. Le
sauvage qui se tatoue, se barbouille de rouge ou
de bleu, se passe une arête de poisson dans le
nez, obéit à un sentiment confus de la beauté. Il
cherche quelque chose au delà de ce qui est ; il
tâche de perfectionner un type, guidé par une
obscure notion d'art. Le goût de l'ornementation
distingue l'homme de la brute, plus nettement
que toute autre particularité. Aucun chien n'a eu
l'idée de se mettre des boucles aux oreilles, et les
Papous stupides qui mangent de la terre glaise et
des vers de terre s'en font avec des coquillages et
des baies colorées. »

Ainsi la nature fait de l'œuvre de la génération
une collaboration volontaire de deux êtres qui
s'aiment. Elle les pousse pour s'attirer à parfaire
une œuvre d'art et de beauté ; elle allume en
eux la flamme de l'Idéal, et toute leur âme se
colore de teintes nouvelles. En visant à l'utile,
elle produit l'esthétique. Les sentiers qu'elle recherche sont ombragés de bois et parfumés de
fleurs.

Tel est le foyer où s'alimente la vie du cœur.
Elle est née d'une vitalité plus grande, d'un sur-

plus de forces à utiliser. Elle se propose pour cou-
ronnement le grand acte de l'hyménée. Mais les
deux époux ne seront pas seuls de la fête. L'humanité est conviée au banquet : elle aura un
mot aimable, un sourire, un baiser ; elle jouira
de l'éclat des fleurs, de l'harmonie de la musique,
du parfum de l'encens, de la richesse et de la sa-
veur des mets, de la parure brillante, et du charme
attrayant des époux. Le désir de l'idéal et le besoin
d'aimer servent à l'ornement, à la richesse
du monde, et toute l'humanité peut en cueillir les
fleurs et goûter les caresses.

Ainsi la vie du cœur prend sa source dans le
désir de la génération. « L'évolution montre que
les efforts constants des individus vers la possession du sexe opposé au leur, ont développé des
facultés et produit des fruits qui fussent restés
stériles et sans profit. Un simple regard jet' sur
la nature nous montre combien l'importance et
les conséquences des rapports sexuels sont
grandes. Ce n'est que par eux et pour eux que
fleurissent les lis des champs, et que s'épanouissent les roses dans leurs bosquets ; ce n'est que
pour eux que chantent les merles et les rossignols,

que les fleurs se parent de si riches couleurs, et
que les animaux revêtent des formes si élégantes.
C'est enfin pour eux que l'homme et que la femme
tendent sans cesse à parfaire leur développement
physique et moral, se donnant pour prix l'un à
l'autre la force et la beauté (1). » Lorsque le poète-
philosophe ancien, frappé de la prodigieuse fécondité de la nature, du désir impétueux qui agite
son sein et qui la pousse sans cesse à commencer
de nouvelles démarches, à produire de nouveaux êtres, faisait de l'amour le levier qui soulève le monde, il n'exprimait pas seulement une
image, un symbole ; mais il atteignait la raison
profonde du mouvement des êtres.

III

La nature forme le corps avant de former l'âme ;
elle réalise la beauté physique avant de travailler
à la beauté morale. L'énorme changement dont, à
l'époque de la puberté, l'organisme est le théâtre,
absorbe une grande part des énergies de l'être.

(1) *Hygiène sexuelle,* Dr Ribbing, p. 9-10.

La croissance est rapide ; les traits s'épaississent, l'activité physique augmente ; de tous les points de la périphérie afflue à la conscience une richesse de sensations que l'âme est impuissante à coordonner. Aussi le jeune homme, aux ordres de ses émotions, paraît-il d'humeur changeante ou capricieuse. D'un instant à l'autre, il pleure ou chante, s'attendrit ou s'irrite. Le corps se fortifie, l'intelligence et la volonté deviennent plus maîtresses d'elles-mêmes. A dix-huit ans, le jeune homme est physiquement prêt pour le grand acte auquel la nature le destine ; celle-ci retarde encore l'heure où elle réalisera ses promesses, pour fortifier en lui l'homme moral. Elle consacre à cette œuvre tout le surplus de ses activités.

Alors grandit la puissance d'aimer. Capricieuse d'abord et hésitante dans ses démarches, elle se manifeste par des mouvements de sympathie ou de haine. L'expérience et l'éducation lui apprennent à mieux disposer de ses forces. La haine enlève au jeune homme sa beauté : son front se plisse, son œil s'assombrit, les muscles de son visage se contractent. Les hommes qui l'entourent détournent de lui leur bienveillance et leur affection. La sympathie, au contraire, détend les muscles de la face ; le front s'épanouit, l'œil brille ; la physionomie respire le calme et la joie. L'antipathie est une source de vie moins riche, moins heureuse, et la sympathie, l'expression d'une vie plus joyeuse et plus épanouie. Le cercle de la sympathie s'élargit à mesure que l'intelligence se développe, pénètre plus avant dans le monde des idées, et saisit des rapports plus complexes entre les êtres. L'homme s'aime d'abord lui-même ; sa puissance d'aimer s'irradie ensuite sur la multiplicité des êtres qui l'entourent, s'étend progressivement de la famille au cercle des amis, s'élève à l'amour du village, de la patrie et de l'humanité ; elle donne ainsi naissance aux sentiments sociaux les plus nobles et les plus généreux, pour se concentrer ensuite sur deux êtres de choix et produire l'amour et l'amitié.

Le jeune homme possède désormais toutes ses puissances viriles. C'est le moment de regarder autour de lui, de se préparer à cueillir l'opportunité qui s'offrira, de chercher la collaboratrice d'où naîtra le grand œuvre de sa vie. C'est l'heure

de revêtir tous ses attraits et tous ses charmes.
C'est la saison où l'arbre donne ses fleurs, où
l'oiseau se pare de ses plumes, tressaille et s'agite,
enthousiaste et vigoureux, comme pour entraîner
compagnons et compagnes dans un étourdissant
mouvement de danse. Le jeune homme sent le
démon du désir mordre son cœur, et provoquer
son élan vers l'idéal. Il cherche un ami auquel
confier ses joies, ses tristesses, ses espérances,
ses déceptions, ses rêves consolants ou douloureux.

Vienne l'heure de l'hymen et la saison des
fruits, la vie pousse plus avant encore vers le
désintéressement et le sacrifice. Jusqu'ici le
jeune homme songeait surtout à lui-même. La
femme et l'enfant deviennent désormais le centre
de ses préoccupations. Pour eux il travaille ;
pour eux il enrichit son être. L'idée de leur préparer l'avenir le plus souriant le pousse à l'effort.
Il se sacrifie pour eux, joyeux dans son sacrifice,
puisqu'il y trouve l'ineffable bonheur d'aimer
plus et d'être plus aimé, et d'augmenter chaque
jour davantage la valeur de sa personnalité.

Après la lutte, quand sonne l'heure du repos,

si le vieillard regrette la puissance que la nature
a remise en des mains plus vigoureuses, il s'en
console par le charme et par la poésie du souvenir ; la pensée de l'enfant ne cesse pas d'être
l'objet de ses rêves et de ses affections, comme
si le génie de la génération qui dort en lui trou-
vait à contempler l'œuvre de ses fils devenus
hommes, l'illusion de la paternité.

Ainsi l'être humain se conserve, se fortifie,
puis il se donne. L'égotisme se pénètre et se
colore d'altruisme. Ni l'égotisme n'existe pur
d'altruisme, ni l'altruisme pur d'égotisme ; mais
l'un et l'autre entrent comme éléments constitu-
tifs dans toute manifestation de la vie. Plus l'être
s'enrichit, plus il tend à l'activité généreuse. Si,
dans les premières années de l'existence, l'égotisme donne sa note dominante, c'est pour s'effa-
cer progressivement devant l'altruisme qui grandit. Telle est la courbe du mouvement que la nature exécute en chacun de nous : mouvement ici
esquissé par une activité plus faible, réalisé là par
une énergie plus vigoureuse. Aussi les hommes
s'échelonnent-ils sur la route de l'idéal. Ceux-là
sont nombreux qui s'arrêtent près du point de

départ ; nombreux aussi ceux qui se reposent à mi-côte ; rares enfin ceux qui, entrevoyant le sommet, continuent l'ascension d'un pas allègre et léger. Pour avoir partiellement échoué, le plan de la nature n'en est pas moins clair : elle veut la plus haute manifestation de la vie ; elle tend à l'amour et à la bónté.

III

LA DÉVIATION VERS L'ÉGOÏSME

III

LA DÉVIATION VERS L'ÉGOÏSME.

L'homme s'aime spontanément d'un amour légitime. Il se réjouit de ses muscles vigoureux ; il est fier de son âme enthousiaste, heureux de sa volonté énergique. La joie qui l'enchante exprime la richesse de son être, et la tristesse qui l'abat exprime la pauvreté de sa vie. Ces sentiments de fierté et de joie sont les plus énergiques stimulants de son progrès. La société, d'autre part, l'attire de ses charmes et de ses sympathies. Elle demande qu'il soit un astre vivant qui l'éclaire, un être fort qui l'enrichisse. Car le véritable amour de soi conquiert la plénitude de l'être, pour l'exquise volupté d'un meilleur don à faire. Tel le gymnaste exercé consulte la vigueur de ses muscles et la souplesse de ses membres, pour franchir la barrière aux yeux ravis de la foule.

Or voici que l'être dévie. Comme si se donner c'était s'épuiser, il se retranche dans sa personnalité comme en une tour d'ivoire, et se fait le centre exclusif de ses rêves et de ses pensées. Mais la conscience individuelle désapprouve l'égoïste, et pèse sur lui de tout le poids de sa tristesse et de son ennui. La conscience sociale le blâme et fait autour de lui la solitude.

Remonter la pente de l'égoïsme conduirait aux toutes premières années de l'enfance. L'homme qui s'aime d'un amour vrai n'est ni un être de domination ni un être de servitude. Mais si, maladroit éducateur, nous laissons prendre à l'enfant cette attitude de domination ou de servitude, ne voyons-nous pas que le lit est creusé par où va couler l'égoïsme?

Un enfant blond de six ans entre dans une violente colère. Son visage se gonfle de sang, sa chevelure s'éparpille en désordre, ses yeux pleurent, ses bras s'agitent, ses poings se crispent, tout son être est fiévreux. Il se blottit dans un coin de la chambre, et se cache la figure dans les mains ; sa voix rugit. Il se précipite sur sa chaise, renverse les objets qui recouvrent la table, brise ses jouets ; ses pieds trépignent sur le plancher. Sa mère l'a grondé pour ses exigences à table. Tel est l'enfant dominateur : parents et amis, frères et sœurs, hommes et choses, lui semblent faits pour ses caprices. Trouve-t-il de la résistance, ou bien un refus ? Il s'emporte, exerce ses violences sur les objets ou sur les êtres qui l'entourent. La mère se désole d'un défaut si lourd de conséquences. Mais ne couvait-il pas depuis longtemps déjà ? La petite goutte d'eau qu'il était à l'origine, se grossissant de nouvelles gouttes d'eau, va devenir torrent. Une main maladroite ou ignorante l'a laissé naître ; le temps l'a fixé en habitude.

L'enfant au berceau crie sous la poussée du besoin. C'est un signal d'alarme pour annoncer le danger qui menace l'organisme. Le secours arrive ; le besoin est satisfait, la douleur s'évanouit. Une sensation agréable de breuvage traverse sa conscience, accompagnée d'une impression délicieuse de caresse. Bien avant l'éveil de l'intelligence, l'association lie les unes aux autres ces données : le cri et le besoin d'une part ; de l'autre la souffrance disparue et le plaisir éprouvé. Le souvenir de ce plaisir s'éveille-t-il spontanément dans la mémoire ? Automatiquement le cri s'exécute. Si rien ne répond à cet appel, l'enfant se tait, il attendra l'heure du besoin. Et tout reste dans l'ordre de la nature. La nourrice accourt-elle empressée, se trompant sur les réels besoins de l'enfant, ou trouvant de la joie à favoriser son petit jeu ? L'habitude est prise par lui de se servir d'un moyen que la nature destinait à la conservation de son être pour satisfaire ses désirs naissants, pour dominer hommes et choses : habitude légère encore, mais que la répétition fortifiera. Quand on la remarque, elle a pris dans l'âme une trop grande place. Alors on se plaint du mauvais naturel de l'enfant. On répète avec le grand moraliste : « Les enfants sont hautains, dédaigneux, colères, envieux, curieux, intéressés, paresseux, volages, timides, intempérants, menteurs, dissimulés ; ils ne veulent point souffrir de mal et aiment à en faire. » Mais cette perversion de l'enfant ne s'est-elle pas développée sous nos yeux, et notre œuvre n'était-elle pas de l'arrêter ?

Le tout jeune homme a peu de forces à sa disposition, peu de connaissances des choses ; ses désirs sont limités. Avec ses forces grandissantes et son expérience plus riche, ses désirs augmentent. Il ne sait pas encore marcher. Mais voyez son regard fixé sur un objet nouveau pour lui. Ses gestes et ses cris manifestent sa volonté de le posséder. Si vous restez sourd à son appel, si vous le laissez à terre gesticuler, pleurer, crier même, il renoncera à se servir de vous comme d'un instrument de ses fantaisies. Tout au plus fera-t-il des efforts pour tendre vers l'objet désiré, heureux efforts puisqu'ils hâteront son développement.

L'expérience gravera dans son être cette leçon que sa mère a pour tâche de satisfaire ses besoins réels et qu'il doit conquérir le reste par sa propre volonté. Obéissez-vous au contraire à l'enfant ? Vous vous constituez son esclave ; il devient votre maître et seigneur. — Mais, dira-t-on, il ne pense pas, il ne comprend pas encore ? — Il agit du moins, et il sent. L'habitude que vous lui laissez prendre est d'autant plus forte qu'il est plus incapable de réaction. Quand l'intelligence s'éveillera, ne va-t-elle pas justifier cette attitude de domination, et la généraliser à l'égard des hommes et des choses?

Suivons ce courant de l'égoïsme. La vie du cœur s'enrichit. L'enfant apprend l'affection. S'il ne peut répondre encore par une reconnaissance active aux soins empressés qu'il reçoit, il embaume l'atmosphère qui l'entoure des fleurs de sa tendresse et de son sourire. La mère est heureuse ; son cœur lui trouve plus de charme et plus de prix. Elle multiplie ses attentions et ses caresses pour le faire plus rayonnant et plus beau. L'enfant enregistre dans sa mémoire ces deux ordres de faits, la tendresse qu'il donne, les gâteries qu'il reçoit. Spontanément ce dernier souvenir s'éveille avec ses perspectives de bonheur. Le corps adopte de lui-même l'attitude de l'affection et de la caresse. Ainsi le mensonge intéressé se glisse au cœur de l'altruisme. Au père, à la mère, de ne pas se laisser prendre au piège qui leur est tendu par l'activité spontanée de l'enfant.

Voici que la puberté fait éclore la puissance d'aimer. Le jeune homme est incliné vers un mouvement de sympathie et de bienveillance. Il est recherché, entouré. On le complimente, on l'admire. La tentation lui viendra bientôt de simuler la vraie amabilité pour satisfaire ses désirs et se ménager des succès. Et par cette nouvelle voie l'égoïsme menace de pénétrer plus avant dans l'âme.

L'enfant est à l'école. Il s'y prépare à l'effort, à la lutte. On pourrait pour le stimuler au travail s'appuyer sur le désir puissant qu'il a de s'améliorer, le comparer souvent à lui-même, et lui apprendre à se juger, le féliciter quand il réussit, l'encourager quand il échoue. Mais on fait appel à son esprit de domination ; on lui donne des notes pour comparer sa conduite à la conduite des autres ; on le classe, on le pousse à briller. S'il est heureux, il s'épanouit comme un paon que la basse cour admire. Un échec allume son mécontentement et son dépit. Entrons dans la voie des conséquences : l'esprit de domination est la source où s'alimentent la colère, l'emportement, la violence, la haine, la jalousie, et tout le cortège des passions irascibles.

L'enfant est un être faible, dira-t-on : comment ne pas céder un peu à ses désirs et ne pas lui témoigner une affection débordante ? — Aimez

l'enfant d'un amour vrai, en voulant son développement normal et le bonheur de sa vie. Car
l'enfant dominateur ne sera jamais heureux. Ses
désirs vont au delà de ses puissances. Il compte
sur vous pour les satisfaire. Si vous lui manquez,
quel secours trouvera-t-il en lui-même pour les
modérer? Habitué qu'il est à voir hommes et
choses le servir, la vie lui réserve d'amères
surprises.

Telle est la première voie qui mène à l'égoïsme. Vous vous faites le serviteur de l'enfant ; il
se considère comme votre maître. Vous adoptez
l'attitude de la faiblesse ; il prend l'attitude de
la domination. Vous préparez ainsi l'homme
autoritaire, despotique, qui se fait le centre de
l'univers, et traite ceux qui l'entourent comme
les ministres naturels de sa royauté. Conception
fâcheuse de la vie. L'homme sage limite ses
désirs à ses pouvoirs. Il travaille au plus entier
épanouissement de son être, dans la pensée de
l'offrir en hommage à la société. D'autres hommes
marchent sur la route, poursuivant chacun sa
destinée. Il leur demande leur concours ou
leur propose le sien. Il ne les traite pas comme

des instruments ; il les respecte comme des collaborateurs. Les hommes s'opposent-ils à ses desseins, par inintelligence, jalousie ou intérêt ? Il va droit son chemin, renverse les obstacles, sans arrière-pensée, sans murmure, sans haine, sans mépris. S'il réussit, il n'est pas insolent dans son triomphe ; s'il échoue, il n'a point d'envie ni de mécontentement. La nature lui suscite ces obstacles pour éprouver sa vigueur, pour le pousser au développement de toutes ses énergies. Elle mesure les difficultés à ses forces. Si elle les multiplie, c'est qu'elle le croit capable de hautes destinées. L'attitude qui lui sied, c'est le sourire dans le triomphe ; c'est le calme dans la défaite, toujours la joie d'avoir lutté pour la virilité. Il se défend des passions irascibles ; il attribue ses misères et ses insuccès, non pas aux hommes ni aux choses, mais à son manque d'intelligence et d'énergie. Voilà l'attitude digne de l'homme. L'égoïsme est une lâcheté. La nature le redoute ; mais elle s'y laisse entraîner par ignorance ou par faiblesse. A l'éducateur de l'arrêter sur cette pente, et surtout de ne pas l'y engager par inexpérience. Les premières années de la vie ont une importance

capitale. Tout l'homme que sera l'enfant se forme
là : les premières impressions sont les plus profondes ; les premières habitudes sont les plus
stables.

Un principe doit diriger l'éducateur dans sa
tâche délicate : ne se faire jamais l'esclave de
l'enfant ; discerner ses réels besoins de ses fantaisies ; ne céder point à ses caprices ; lui enseigner
dès la première heure l'attitude qu'il doit prendre
en face des hommes et des choses.

II

Une autre voie conduit à l'égoïsme. Si traiter
l'enfant en être de domination, c'est laisser grandir
en un orgueil démesuré le sentiment de fierté
légitime que nous avons de notre valeur ; traiter
l'enfant en être de servitude, c'est faire dévier en
une timidité d'esclave le sentiment d'humilité
naturel que nous avons de nos faiblesses. C'est,
dans les deux cas, développer un amour morbide
de soi-même. Aux pleurs de l'enfant, la nourrice
accourt, et lui donne ses soins empressés. L'enfant continue-t-il à pleurer ? Consciente d'avoir

fait tout son devoir, au lieu d'attendre la fin des
pleurs, elle se laisse émouvoir par la pitié ; elle
veut commander à la nature et arrêter la souffrance.
Elle caresse, flatte, berce ; ses nerfs s'irritent ;
elle gronde, elle menace. A sa voix, l'enfant s'arrête surpris. Puis les pleurs recommencent.
Recommencent aussi les caresses, les menaces,
quand la nourrice n'en arrive pas aux coups.
N'est-ce pas là traiter l'enfant comme s'il était coupable de désobéissance et d'intention malicieuse ?
La première notion de l'injustice et du mal ne va-
t-elle pas pénétrer dans cette jeune âme, riche
encore de son innocence naturelle ? L'enfant ne
comprend pas sans doute ; mais il sent d'autant
plus que ses émotions sont peu nombreuses, et
que la plus simple d'entre elles suffit à remplir sa
conscience. « Je n'oublierai jamais, dit quelque
part un illustre auteur, d'avoir vu un de ces
incommodes pleureurs ainsi frappé par sa nourrice. Il se tut sur-le-champ ; je le crus intimidé. Je
me disais : ce sera une âme servile dont on n'ob-
tiendra rien que par la rigueur. Je me trompai :
le malheureux suffoquait de colère ; il avait perdu
la respiration, je le vis devenir tout violet. Un

moment après, vinrent les cris aigus ; tous les signes du ressentiment, de la fureur, du désespoir de cet âge, étaient dans ces accents. Je craignis qu'il n'expirât dans cette agitation. » Désormais le mal est fait. Il y a des êtres mal intentionnés autour de moi ; la méchanceté existe, se répète, l'âme de l'enfant. Dans cette atmosphère comment pourraient fleurir l'altruisme, les désirs de générosité et de bonté ?

L'enfant sait marcher. Gare aux objets qui se trouvent sur son chemin ! Sa main impatiente va exercer des ravages, si sa mère ne le suit du regard. Détourne-t-elle de lui son attention pour donner un ordre? Un bruit sec arrive à ses oreilles. Le beau vase de Chine qui ornait la cheminée est en pièces sur le plancher. Impuissante à maîtriser sa colère, elle court à l'enfant, l'accable de ses reproches, l'accuse de méchanceté. Souvent elle le frappe. Mais y a-t-il vraiment faute ? L'enfant commet-il une méchanceté, ou fait-il seulement un essai malheureux de sa liberté naissante ? Si vous le corrigez, ne gravez-vous pas l'idée du mal et de l'injustice dans son âme ? Je revois, par le souvenir, un gros bébé de dix-huit mois, sa nourrice qui le porte dans ses.bras, les allées du Luxembourg où se passe la scène, L'enfant a délié deux fois le ruban qui attache son chapeau. « Que tu es bête » ! lui crie la nourrice, et sa main impatiente le frappe à la joue. Quelle leçon pour former une âme d'esclave ! Retenez les mains de l'enfant, retirez-lui son chapeau, mais ne l'humiliez pas.

L'enfant exprime-t-il un désir, et ce désir contrarie-t-il la volonté de son père et de sa mère ? Qu'on lui oppose un silence significatif, un refus catégorique, un « c'est impossible », « je ne peux pas », sans énervement et sans raideur. Cela suffirait à lui apprendre qu'il est importun, et que notre mission n'est pas de satisfaire à ses caprices. Mais on s'impatiente. Persiste-t-il dans son désir ? « Tu m'ennuies » ; « Tu es un sot », répond le parent impatienté. Il dresse sa volonté devant la volonté de l'enfant, la poussant à s'affirmer par la seule voie qui lui est ouverte, par le mécontentement et par la révolte.

Nous pourrions suivre à travers la vie de l'enfant les effets de cette éducation maladroite, autoritaire. L'enfant curieux pose-t-il ses questions multipliées ? Son intelligence cherche-t-elle à juger par elle-même ? Son imagination veut-elle créer ? Sa volonté s'exerce-t-elle sur quelque objet ? L'homme enfin se dessine-t-il de plus en plus en lui ? On le comprime, on l'humilie, on le pousse à la défiance de ses forces. Ce n'est -pas le traiter en apprenti-homme, responsable de sa vie. On intervient dans le choix de sa cravate et de son habit, comme on interviendra plus tard dans ses idées sur la politique et sur la religion, dans son choix d'une carrière et d'une femme.

Mais sous ce régime de compression, l'enfant mécontent détourne de vous sa confiance et son affection. Il concentre sur lui-même sa puissance d'aimer : amour maladif, puisqu'il est fait de timidité et de défiance, de mécontentement et de révolte.

L'instinct de la conservation est plus fort que toute contrainte. Impuissant à se protéger par les voies franches et ouvertes, l'être se défend par le mensonge et la perfidie, la calomnie et la médisance. La porte est ouverte à toutes les passions lâches et viles.

Traiter l'enfant en être responsable et libre, lui permettre mille expériences qui n'engagent pas profondément ses intérêts, mais seront pour lui des leçons vivantes ; le considérer comme un ignorant à instruire, un faible à fortifier, et non comme un méchant à corriger, un indiscipliné à soumettre, telle est l'attitude de l'éducateur. Par maladresse, on provoque la malice et la révolte ; on alimente l'égoïsme, alors qu'on a le devoir de prévenir sa naissance et de faciliter les efforts que la nature fait vers l'altruisme.

IV

LA DÉVIATION VERS L'IMPURETÉ

IV

LA DÉVIATION VERS L'IMPURETÉ.

Le génie de la génération, en s'éveillant, transfigure le monde à nos yeux et le teint de couleurs sympathiques. L'âme sent en elle le frémissement, les palpitations, le rythme de la vie. Elle les devine chez les autres âmes, et se rapproche d'elles.

Mais voici que le souffle de l'impureté apporte ses germes de mort ; les fleurs d'amour et de beauté se fanent sur leurs tiges. Comment naît-il ? Et d'où vient-il ?

D'où si ce n'est de la nature perverse ? N'est-ce pas elle qui fait éclore en nous les fonctions de la génération, échauffe notre corps de ses feux, tourne nos désirs vers les choses de l'amour, pousse irrésistiblement notre être vers la volupté meurtrière, remplit le monde de besoins vils et grossiers ? Misérable source de la vie ! Exigences

viles du corps! Malice radicale de la nature! Ainsi
pensait le moyen âge. Il ajoutait: méchanceté et
perversité de la femme! Car ses charmes allu-
ment nos désirs, et nous précipitent malgré nous
dans la volupté. Le discrédit est jeté sur l'amour,
sur la femme, et le mal est placé aux racines
mêmes de la vie. L'opinion moderne n'est-elle pas
encore trop pénétrée de cette conception du moyen
âge? Que signifient, en effet, le silence et la réserve qu'une pudeur maladroite observe sur ces
choses, si ce n'est l'horreur instinctive que les
mystères de la vie lui inspirent?

Mais l'impureté est une déviation où la nature
s'engage par ignorance ou par faiblesse. La saisir
à sa naissance, et la suivre dans sa formation,
déterminer la loi de son développement, ce serait
jeter les bases d'une meilleure éducation, qui
conserverait à la vie sa pureté primitive, et
permettrait à la nature de réaliser ses intentions généreuses. Toutes ces aspirations sont
dans l'air ambiant. Ce serait une œuvre bonne
de les cueillir, d'en former une gerbe de
fleurs bien liée pour l'offrir en hommage à la
jeunesse.

I

De bonne heure l'enfant se pose le problème
de la naissance. Les petits des animaux naissent
et grandissent dans la basse-cour. La grosse
chienne noire, sa bonne amie de berceau, vient
de mettre au jour de petits chiens mignons, à qui
vont ses caresses. Lui-même, quand et comment
est-il né ? De cinq à sept ans, sa curiosité s'é-
veille. Il questionne naïvement son père ou sa
mère. La réponse est d'autant plus difficile à donner qu'elle dépasse son intelligence. On détourne
la question. L'enfant insiste-t-il ? On s'en tire
hardiment par un mensonge. Tout plein d'une
confiance naturelle dans ses parents, le voilà
pour quelque temps satisfait. Mais sa pensée se
fortifie. Tandis qu'on le croit tout absorbé par
le spectacle des choses extérieures, l'enfant agite
de plus en plus le problème de la vie. Il
remarque bientôt la solution naïve qui lui a été
proposée, et ses préoccupations augmentent. Les
observations recueillies sur la vie des animaux
servent de base à ses inductions. Une générali-
sation hardie lui entr'ouvre la vérité. Une bribe

de conversation surprise à table, au salon, ou bien à la cuisine, une remarque d'un camarade mieux renseigné, souvent l'ont mis sur la voie.

Nous vivons, nous, hommes, à l'horizon élargi, aux responsabilités plus lourdes, nous vivons loin, bien loin, de l'enfant, sans soupçonner le drame qui se joue dans sa conscience, sans entrevoir l'importance des événements qui agitent son âme impressionnable, et le retentissement intérieur de ces premières découvertes. L'être bon ou l'être mauvais que l'homme mûr sera, plonge là ses racines.

Pourquoi lui cacher le secret de sa naissance ? Sa curiosité se porte-t-elle sur tout autre objet ? Sa mère est rayonnante, son père est heureux. « Notre fils sera intelligent », se disent-ils à voix basse. Mais leur silence pèse sur l'ordre même des choses qui l'intéressent vivement. Bien plus, son attention est détournée ; des explications puériles et mensongères lui sont données. Son intelligence n'a-t-elle pas le droit de protester contre ce manque de respect ? Au moins pouvait-on garder la plus stricte réserve ? Et pourquoi même cette réserve ? Le mal serait-il donc au fond de ces problèmes de 'la vie, si gros pour lui d'importance ? Ainsi l'idée de malice se glisse dans son âme. Plus son imagination travaille, plus les conséquences s'imposent : quelque chose de vil, de dégradant, se cache dans les mystères de la génération.' L'enfant sent tout cela, plus qu'il ne le pense et ne le déduit ; mais cette pensée naîtra ; cette déduction se fera. L'innocence naturelle de l'imagination et de l'esprit est pour toujours gâtée à sa source même. La porte est ouverte à l'impureté de l'âme.

Si la naissance recèle quelque chose d'inavouable, l'estime profonde que l'enfant avait naturellement pour son père et pour sa mère ne se trouvera-t-elle pas entamée ? Jusqu'ici sa confiance en eux était inébranlable. Ils l'ont induit en erreur. Le leur pardonnera-t-il ? Ainsi naît dans son âme l'idée du mal moral, et du même coup la dissimulation et la défiance. La nature est corrompue au cœur même, et l'œuvre de l'éducation est compromise.

II

Ses parents lui cachent la vérité sur un point.

C'est bien. Sur ce point, l'enfant évitera de les consulter. Mais il continuera ses recherches, car il « veut » la vérité ; la nature l'y pousse plus irrésistiblement, à mesure que son être grandit. Comment s'explique la naissance ? La mère porte son fils, comme l'animal ses petits. Mais comment se fait cette conception merveilleuse ? Quel rôle joue le père ? Pourquoi l'homme et la femme sont-ils unis par le mariage ? Pourquoi le père et la mère ont-ils la chambre et le lit communs ? Toutes ces questions ne sont pas encore bien nettes dans sa pensée. Elles le préoccupent de dix à treize ans. Il veut la lumière au sein de cette obscurité. Si la vérité était noble et sainte, la lui refuserait-on ? N'importe : il va, il vient, épie chaque geste, relève chaque parole indiscrète. Il observe, il lit, il interroge, rassemble et organise tous ces renseignements. Mais ceux qui parlent de ces choses les présentent sous un mauvais jour. L'enfant en a le sentiment pénible. Une force irrésistible le pousse néanmoins à compléter son savoir, et l'habitude est prise par lui de se complaire dans l'idée du mal. Nous sommes déjà loin dans la voie de la perversion de la pensée. Nul ne s'en rend bien compte, encore moins l'enfant. Mais une puissance maligne travaille dans son âme ; tous les germes sont nés, qui vont bientôt éclore pour étouffer les semences de la vraie vie du cœur.

III

L'heure de la puberté s'annonce. La nature remet entre les mains du jeune homme des puissances formidables. La vie revêt à ses yeux une signification nouvelle. Ne lui doit-on pas la raison de ce changement subit qu'il constate en son être, de ce don étrange qu'il a reçu ? Car est-il coupable si, par ignorance, il prend une fausse direction ? La nature humaine est bonne dans ses lois de développement ; mais elle est ignorante, et par suite elle est faible. Elle veut un éducateur pour l'éclairer et pour la soutenir. Or, le plus souvent, nous méconnaissons la vie intime de l'enfant. Nous soignons son corps ; nous alimentons sa curiosité des merveilles de la nature ; nous ne soupçonnons pas que son âme crie d'un besoin pressant. Nous marchons avec lui côte à côte, dans le chemin de la vie, sans le pénétrer. Avons-nous l'intuition de ses besoins ? Nous nous tenons dans une timide réserve, comme si découvrir à ses yeux l'horizon de la vie sexuelle, c'était lui découvrir l'horizon du mal.

L'enfant fait bientôt l'expérience du mal : un camarade l'y a peut-être indiscrètement initié. De l'amertume se tient au fond du vase, dont le plaisir recouvrait les bords de son miel. La nature, meurtrie, proteste contre l'abus fait de ses dons. Mais le jeune homme ne comprend guère sa protestation. Un trop plein de forces agite-t-il son corps ? une parole légère, un geste indiscret, une image voluptueuse, viennent-ils éveiller ses sens endormis ? le souvenir du plaisir accourt spontanément à la mémoire. Le désir naît et grandit, d'autant plus irrésistible qu'aucune autre force n'a été développée dans son âme pour lui faire contrepoids. L'être se précipite vers la réalisation de l'acte gros de promesses. L'habitude se fortifie par la répétition. Désormais deux puissances travaillent au foyer de l'être : l'une aspire à la vie généreuse et pure ; l'autre se tourne vers le plaisir de toute la vitesse acquise, et compro-

met nos forces. Le jeune homme en a le sentiment vague ; il en aura plus tard la claire notion.
Mais alors l'habitude, devenue puissante, constituera un grave danger. De ces deux natures,
laquelle l'emportera ? La passion l'entraînera-
t-elle jusqu'à la ruine de sa santé physique et
morale, ou la nature, plus forte, l'arrêtera-t-elle
sur la pente, avant l'heure de la déchéance ?

Si, plus tard, quand la vie pèsera sur ses
épaules viriles du poids de ses lourdes responsabilités, l'homme oublie les heures d'angoisse
de sa jeunesse, celles-ci n'en ont pas moins meurtri sa conscience. Il se sent entraîné vers le plaisir, il en cueille les fruits âpres, et revient de cette
cueillette chaque fois plus dégoûté. Son élan vers
les hautes pensées, vers les nobles sentiments
s'arrête ; sa vie intérieure s'appauvrit. Une
curiosité malsaine cependant l'emporte vers la
volupté.

Au milieu de cette tempête qui bouleverse son
cœur, le jeune homme a besoin d'un confident.
Ses parents et ses maîtres semblent se désinté-
resser de lui, et ne rien comprendre à la lumière
étrange qui brille dans son regard, à la tristesse

profonde qui voile son front. Ont-ils pour lui l'affection vraie qu'ils croient avoir ? Quelle confiance peut-il leur témoigner ? Et quelle influence éducatrice espèrent-ils exercer ? Ainsi, à l'heure où le jeune homme a le plus besoin d'être soutenu, tout appui lui fait souvent défaut ; quand le maître a le plus à compter sur la confiance de son élève, cette confiance le trahit. Le jeune homme est réduit à prendre pour confident de ses souffrances un camarade aussi triste, aussi délaissé que lui. Où les mènera l'un et l'autre cette amitié qui repose sur des bases si misérables ? Étonnons-nous alors que le maître, se défiant de cette intimité, intervienne de sa voix sévère pour la briser !

Outre le récit de leurs propres misères, quel sera l'objet de leurs entretiens ? Je ne sais quelle force pousse le jeune homme à connaître la jeune fille. Plus tard, nombre d'objets rempliront sa pensée ; des questions de science et d'histoire, de littérature et d'art, des problèmes d'ordre pratique, occuperont son esprit. De quatorze à dix-huit ans, il s'intéresse surtout aux personnes, et plus aux jeunes filles qu'aux garçons de son âge.

Pourquoi cet attrait vers l'amour et vers la beauté ?
Quels graves problèmes soulèvent ses relations
avec la femme ? On le laisse dans l'ignorance. Et
sa curiosité, mécontente, prend les choses sous
leur aspect le plus grossier. Le contact avec des
camarades ignorants comme lui accélérera cette
corruption de son cœur. Que les parents et les
maîtres agissent de toute leur surveillance inquiète pour arrêter les conversations malsaines !
S'ils retiennent les langues, suspendront-ils le
cours des pensées ? Plus le jeune homme s'avance
au milieu de ses difficultés morales, plus il échappe
à l'autorité de leur direction.

Une puissance de mécontentement et de révolte
progresse en son âme : de mécontentement et de
révolte contre lui-même, puisqu'il ne vit pas de
la vie la plus joyeuse et la plus épanouie ; de
mécontentement et de révolte contre les parents
et les maîtres qui l'ont mal dirigé par ignorance
ou par timidité ; de mécontentement et de révolte
contre les hommes et les choses qui contrarient
son besoin de plaisirs ; de mécontentement et de
révolte contre l'Idéal et contre le devoir qui refrène
ses passions. Tantôt l'âme crie ce mécontente-

ment et cette révolte. Tantôt elle les contient avec effort. Mais prêtez l'oreille, et notez les mille bruits étouffés, les mille sourds murmures qui annoncent l'orage prochain.

Ainsi l'être dévie vers l'impureté. Or ce courant d'eaux fangeuses va renforcer le courant de l'égoïsme. Le jeune homme prend le plaisir pour conseiller. A l'époque où naît et se développe puissamment le sentiment de sa personnalité, où le mouvement bien dirigé de son être corrigerait son amour excessif de lui-même par le désir de plaire, d'aimer et de se donner, le jeune homme perd la notion de sa vraie place dans le monde, recherche sa propre satisfaction, et s'aime d'un amour maladif.

Deux grands canaux existent désormais par où circule la sève de notre être. L'un tend à la vie la plus riche, faite de force et de bonté. L'autre tend à la vie la plus pauvre, faite de faiblesse et d'égoïsme, de timidité et de sécheresse. Ce sont deux forces d'attraction qui entraînent toute notre vie intérieure, deux centres actifs autour desquels s'organisent les systèmes de nos images et de nos idées, de nos sentiments et de nos désirs.

Deux *moi* sont en présence, engagés dans une lutte continuelle. « Je sens la présence de deux êtres en moi », a dit quelque part un Père de l'Église. L'un de ces êtres est primitif, vigoureux et sain, conforme aux plans de la nature. L'autre, acquis, faible et morbide, s'est développé par une erreur de la vie ; la nature comptait sur l'homme pour l'étouffer à sa naissance même ; l'homme l'a laissé grandir, a provoqué même son développement.

V

LA CRISE MORALE
CHEZ LE JEUNE HOMME

V

LA CRISE MORALE CHEZ LE JEUNE HOMME

L'anarchie règne dans l'âme du jeune homme. Ses activités oscillent entre deux courants opposés. À l'instant ses sens sont calmés ; sa conscience dort tranquille, à peine ridée par une légère brise. Soudain un caprice du corps éveille les sens endormis et déchaîne l'imagination. Cette force d'impureté qui travaille en nous, tantôt paisible et sommeillante, tantôt brutale et irrésistible, nous ménageant toujours des réveils terribles, comment la discipliner ?

I

Éclairer l'intelligence, faire tinter à ses oreilles les maximes du bien, lui parler la voix du devoir, fortifier l'âme par une solide culture morale et religieuse : telle est l'attitude que l'on adopte vis-à-vis de l'enfant. On l'enveloppe d'une atmos-

phère d'idées, d'un réseau d'obstacles qui refrè-
nent ses activités.

La morale et la religion sont ainsi présentées
sous l'aspect de forces disciplinaires, de freins du
mal. Il s'agit moins pour elles de s'envelopper de
tous leurs charmes et de tous leurs attraits pour
entraîner à leur possession l'âme aux ailes trop
alourdies, que de faire retentir la voix mena-
çante de leurs tonnerres pour l'arrêter dans la
recherche du plaisir. Elles se proposent moins
de pousser le jeune homme vers les hauteurs
sublimes, que de le retenir sur les bords du préci-
pice. Aussi leur voix est-elle rarement douce et
souriante, presque toujours terrible et gron-
deuse.

Elles montrent une face irritée, et leur bouche
a des mots de colère et de vengeance. Elles prêchent l'horreur de la faute, la terreur de la mort
et la crainte du châtiment. Tout d'abord, l'âme
accueille avec joie ces leçons, elle espère trouver
en elles un guide efficace à l'heure de l'épreuve.
Mais les échecs viennent attrister ses bonnes volontés. L'image du plaisir apparaît dans la conscience, suivie de tout un cortège de souvenirs.

Mille mouvements sympathiques se dessinent spontanément au sein de l'organisme. Au moment où le corps va entraîner l'être à la réalisation de l'acte, la nature bonne se ressaisit. Un mouvement d'oscillation porte l'intelligence et la volonté de l'une à l'autre des perspectives offertes. L'être revient de chacun de ces balancements, moins attiré vers l'une, plus sympathique à l'autre. Les images et les souvenirs, les désirs et les idées accourent de plus en plus nombreux autour de l'objet gros de promesses, et le *moi* s'achemine progressivement vers la décision.

Ainsi nous sommes inclinés vers le bien comme nous sommes inclinés vers le mal, par le courant de vie qui circule au fond de notre être. Nous sentons si bien la présence en nous d'une force qui nous pousse au plaisir, et contre laquelle s'est brisée notre résistance ; nous sentons si bien aussi qu'une force « autre » nous porte à l'Idéal ! Aux heures de calme, nous regrettons les ravages que la première fait dans notre âme. Mais l'acte blâmable dont nous voudrions rejeter la paternité se teignait, à l'heure de sa réalisation, des couleurs de notre personnalité. Il s'est fait en nous et avec nous. Il s'est détaché de l'activité de notre être par la force même de son poids comme le fruit trop mûr tombe de l'arbre.

La contradiction est au cœur de l'être ; un double *moi* s'y trouve installé : l'un, originel, désire la vie riche ; l'autre, acquis, tend à la vie pauvre ; le premier, impatient de ses échecs, condamne l'autre de son jugement sévère. Mais la même loi explique sa défaite d'aujourd'hui, comme elle explique sa victoire de demain. Un besoin d'agir se manifeste ; l'être ignore encore l'objet qui le satisfera, mais il sait la satisfaction qu'il réclame. Il lance, pour guider ses efforts, un appel à toutes ses puissances intellectuelles. Des mille souvenirs accourus des profondeurs de la mémoire, il accueille ceux-là seuls qui flattent son désir.

L'être physique et moral sympathise-t-il tout entier avec l'acte, le travail se fait avec une poussée forte et prompte ; et le *moi* se précipite vers la décision. Le plus souvent, un mouvement contraire se dessine ; un autre besoin de l'être se manifeste. Un nouvel appel est lancé dans les régions profondes de la mémoire. Le même mécanisme amène de nouvelles systématisations d'idées et

de désirs. La victoire est, en définitive, au courant de vie qui intéresse à sa cause les plus riches
éléments psychiques et organiques, qui exprime
le plus fidèlement à cette heure de l'existence les
besoins de l'âme et du corps.

L'intelligence ne produit pas l'élan de l'être,
elle ne détermine pas davantage la nature de ses
aspirations. Mais elle les traduit en idées, les
renforce en les éclairant, et facilite leur réalisation.
Elle vaut ce que vaut le *moi* profond : pure et
cristalline quand la source de ses eaux est pure
et cristalline ; fangeuse et bruissante, quand la
source de ses eaux est fangeuse et bruissante.
Cela est si vrai, qu'elle développe progressivement ses puissances, et la loi qui préside à son
évolution est la même qui préside à l'évolution
de la vie.

Plus les forces de l'être s'accroissent, et plus
grandit son besoin d'action ; plus aussi l'intelligence élargit la sphère de ses connaissances,
depuis celles qui se limitent à l'individuel et
au présent comme la sensation et l'image,
jusqu'à l'idée, qui atteint le général et l'universel.
Sans doute l'intelligence exerce une influence

active, mais elle n'est pas omnipotente. Dire que
notre puissance de choisir et de vouloir est abso-
lue, est une illusion, ou bien une tautologie. Nous
voulons toujours avec tout notre *moi*; tout notre
être physique et moral est intéressé à chacune de
nos décisions volontaires. Mais la nature de ce
moi ne saurait être déterminée, ni par un acte de
pensée, ni par un acte de liberté.

L'être aspire à la vie la plus féconde et la plus
généreuse. Si cette tendance régnait seule en
lui, une poussée irrésistible l'emporterait vers
l'idéal; il constituerait comme un sol puissamment nourricier, où toute semence de bien jetée
d'une main expérimentée produirait une moisson
abondante. Telles sont les attaches psychologiques
de l'idée. Elle reste à la surface du *moi*, sans le
pénétrer, sans le parfumer de sa senteur ni le
teindre de sa couleur, sans le fortifier de sa force
ni le nourrir de sa substance, si elle ne répond
point à l'une de ses aspirations profondes. Elle
le pénètre, l'embaume, le colore, devient sa
substance et sa vie, si elle est sympathique à
ses besoins les plus intimes. Mais l'âme est-elle
traversée d'un courant d'égoïsme et d'impureté ?

nul doute que cette force malicieuse ne travaille à grouper autour de son foyer d'attraction la masse de nos connaissances sur la vie. Une nouvelle intelligence, une autre volonté se dessine : le problème du libre arbitre se pose. Nous n'avons pas un pouvoir absolu, mais une puissance limitée de faire le bien. La liberté n'est pas, mais elle devient. Elle est la récompense de nos efforts, le triomphe du *moi* généreux sur le *moi* égoïste.

On supprimerait les difficultés en étouffant à sa naissance même ce *moi* égoïste. L'a-t-on laissé grandir ? On n'a plus de prise directe sur lui. On fortifie le *moi* généreux par une vigoureuse culture morale ; cette œuvre est féconde sans doute, mais elle n'assure jamais la victoire du bien. L'expérience le prouve assez. Les défaites se multiplient. Le *moi* égoïste revient plus fort de chacune de ses victoires. Il organise à son profit le système de nos images et de nos pensées. L'idéal progressivement se décolore. Le discrédit atteint la vérité morale. Une crise se produit dans l'âme.

II

A l'origine de ses épreuves, le jeune homme s'instruisait avec joie des vérités morales. Il y pressentait une force au moment de la lutte. Mais l'expérience n'a-t-elle pas trahi son espoir, coupé sa joie à la racine même? Ces vérités l'ont-elles efficacement consolé et servi dans ses difficultés? N'ont-elles pas surtout contribué à jeter le trouble et la désespérance dans son âme? D'ailleurs, quelle force de sympathie l'attire vers elles? Il ne les voit jamais lui sourire, et le remplir d'une douce satisfaction.

N'est-il pas invité à se détourner d'elles ? Un mouvement de défiance le pousse à résister aux personnes qui n'ont pas su diriger son âme avec toute l'intelligence et tout le tact que sa nature exige. Cette défiance enveloppe insensiblement les conseils qui lui viennent d'elles.

Les jours, apportant leurs luttes nouvelles et leurs nouvelles défaites, ajoutent au découragement de son âme. Le mécontentement s'y installe chaque jour plus profond. Comment ne rejaillirait-il pas un peu sur les vérités morales ?

Car elles gênent la satisfaction d'une partie de
son être. La puissance qui le pousse vers le
plaisir n'est-elle pas sienne, comme la force qui
le porte au bien, et davantage sans doute, car elle
le conduit à la cueillette du plaisir, tandis que
l'autre illusionne son âme de ses promesses?
Ses vues sur les choses morales s'organisent de
plus en plus autour de l'idée de plaisir. Les
mots de vertu et de devoir, de bien et d'idéal
ne sonnent plus à ses oreilles avec la même
note musicale; le charme et la douceur de
leurs attraits s'évanouissent; leur physionomie
revêt un aspect dur et austère. Il se désinté-
resse et se détourne d'eux progressivement.
Lui parlez-vous de ces choses graves? si sa
langue est muette et son attitude extérieure
soumise, ne devinez-vous pas dans la flamme
étrange de ses yeux, dans le sourire malin de
ses lèvres, une âme sceptique et moqueuse?
Soyez prudent: votre zèle de prédication va
peut-être vous rendre ridicule à ses yeux, augmenter sa défiance à votre égard, étouffer dans
son âme les derniers germes de sympathie pour
la vérité morale.

La crise morale est ainsi le reflet ou l'écho d'une crise de notre être le plus intime. Elle est l'œuvre d'une force de mécontentement qui décolore et désorganise notre vie intérieure. C'est la tempérer sans doute que de fortifier la puissance généreuse qui travaille en nous ; mais elle ne disparaît qu'avec la cause même qui la produit. Puisque l'égoïsme et l'impureté se développent en nous par une erreur de la vie dont une éducation ignorante ou maladroite est en partie responsable, le moyen de les enrayer se trouve dans une éducation plus savante et plus méthodique.

VI

LA CRISE MORALE DE L'HUMANITÉ

LA CRISE MORALE DE L'HUMANITÉ.

La société réfléchit en elle ce qui se passe dans l'individu. Un double courant l'emporte, l'un vers le bien, l'autre vers le mal. Quelle force l'arrêtera dans la voie du plaisir, l'empêchera de tomber dans l'égoïsme? On attribue tout le bien qui se fait aux efforts de la morale et de la religion. Mais le succès comme l'échec de l'une et de l'autre, est un effet, et non pas une cause première. C'est au cœur de l'être qu'il faut en chercher la raison profonde. La nature a des intentions généreuses ; elle veut la vie ; l'égoïsme et l'impureté sont pour elle un principe de mort. Aussi résiste-t-elle à leurs attaques.

Une force agit au foyer de l'être : c'est le désir de se conserver. La société obéit au même instinct fondamental. Ce vouloir-vivre calme les élans du corps vers la volupté et met un frein au débordement des désirs. L'être se

laisse-t-il surprendre ? menace-t-il de sombrer
pendant qu'il s'engourdit ou sommeille ? Il provoque soudain une réaction puissante. Un saint
Augustin porte à la recherche de la perfection
la même ardeur qu'il avait mise à la poursuite
du plaisir ; il incarne la lutte dramatique qui se
livre au cœur de l'homme avec le flux et le reflux
de ses sollicitations vers le bien et vers le mal.
Ce même vouloir-vivre maintient au sein de la
société une certaine mesure dans les désirs, la protège contre la poussée des passions sauvages de
ses âmes barbares, ou contre le débordement
des passions raffinées de ses âmes civilisées.
Souvent il se laisse endormir sous la caresse
du plaisir, et la société touche au moment
critique où elle se meurt. Les âmes robustes et
délicates poussent le cri d'alarme ; on aspire
puissamment au renouvellement de la vie
morale. Là sans doute est la source psychologique
des grands mouvements religieux de l'humanité.
Le monde antique menace d'être emporté par la
haute marée des vices ; il se réfugie effrayé au
sein du stoïcisme ou du christianisme. Du ive au
xe siècle, paysans et rois, esclaves et reines,

bourgeois et seigneurs, tout ce qu'il y a d'âmes nobles et élevées se réfugie dans les monastères ou dans l'église, écœuré à l'aspect des misères du monde barbare.

La vie de l'homme et de la société repose ainsi ses assises sur le désir de la conservation. Il est le roc ferme que les vagues irritées viennent battre et couvrir en vain de leur bave.

Le vouloir-vivre est incessamment stimulé par la loi du travail. L'homme doit obtenir la satisfaction de ses besoins au prix de l'effort. Force lui est, pour vaincre les difficultés, de transformer les réserves de son être en énergies intellectuelles et volontaires au lieu de les écouler par la voie du plaisir. L'homme se met-il hors la loi commune, et se crée-t-il une vie de loisirs? Le vouloir-vivre s'énerve en lui. Le plaisir le sollicite par le charme de ses attraits ; le voilà faible et désarmé devant la corruption envahissante. La vie s'appauvrit dans son être.

La loi du travail est la meilleure sauvegarde de la société, comme de l'individu. La Grèce enfanta des héros, tant que la médiocrité de sa richesse et le besoin de combattre cité contre cité

pour son indépendance, lui firent rechercher le
bonheur dans la vie active de l'agora et des champs
de bataille, ou dans les exercices violents du
gymnase. Lorsque la richesse apporta dans les
villes le luxe oriental, que, les guerres de cité à
cité disparurent chaque jour davantage, que l'hé-
gémonie passa successivement à l'une des grandes
républiques, pour tomber ensuite aux mains de
Rome, la Grèce, riche et asservie, ne tarda pas à
s'énerver dans la volupté. La Rome républicaine
fut florissante en vertus, tant qu'elle eut à lutter
pour la défense de son territoire et pour la conquête du monde. L'empire conquis, la richesse
pesa de son poids lourd sur ses épaules affaiblies,
la corruption envahit ses membres énervés. La
noblesse française et, de nos jours, la noblesse
russe, en quittant leurs terres pour la ville, et
leur travail pour l'oisiveté, se sont précipitées
vers la ruine. La société élimine de son sein les
classes et les nations que ronge l'impureté ; elle
donne la victoire et la durée aux nations et aux
classes saines et pures.

Mais la loi du travail a ses clémences ici ; elle a
ses duretés là ; elle est plus exigeante de nos

jours, elle était plus douce dans le passé. Les conditions de la vie changent avec les sociétés dans le
temps et dans l'espace. Sous un ciel méditerranéen
ou méridional, le sol est plus riche en productions
spontanées ; les besoins du corps sont moins
nombreux et moins intenses. Le travail est
plus simple et plus facile. Il laisse des loisirs
abondants que l'on passe à jouir de la vie, et lui-
même n'est guère qu'une distraction : chevaucher
à la garde d'un troupeau, enfoncer superficielle-
ment dans une terre facile le soc d'une charrue
légère, tailler les arbres d'un verger, arroser les
légumes d'un jardin, cueillir les fruits de l'arbre
ou de la vigne, accompagner ce travail attrayant
de chants et de danses, au son rythmé des flûtes
et des cithares ; les entrecouper de longues rêve-
ries au pied d'un figuier. Ni l'intelligence n'a
besoin de pousser très loin les recherches scien-
tifiques, ni la volonté de tendre intensément les
ressorts de son énergie. La lumière des paysages
ensoleillés baigne son être de sensations riches et
abondantes, suscite le développement des sens et
de l'imagination. C'est un climat favorable à l'é-
closion des fleurs de beauté, à la maturation des

fruits d'art et de poésie. Mais la vie facile, en créant des loisirs, laisse la volonté plus désarmée devant le plaisir.

Sous un ciel septentrional, le sol ingrat balayé par un vent sauvage, assombri par une âpre brume, condamne l'homme au travail intense. La pâle lumière du soleil, les teintes claires du ciel, les couleurs adoucies des objets, n'attirent pas les sens au dehors. Les loisirs favorables à la rêverie lui sont refusés. Son vouloir-vivre est violemment porté au développement le plus intense ; toutes les puissances de son intelligence et de sa volonté se tendent pour améliorer les conditions d'une vie si dure. Des fleurs pâles, des fruits âpres apparaîtront tardivement sur cet arbre de vie ; une beauté, un art, une poésie sévères, intérieurs, sentimentaux, mélancoliques, s'y épanouiront ; par-dessus tout la science et la pensée profondes, et l'art de l'énergie. Le plaisir et la volupté constituent l'ennemi aux charmes séducteurs qui dissout les forces de l'être.

Les conditions de la vie sociale exigent ainsi de l'homme et de la société une certaine tonalité morale. La tonalité est plus basse dans les milieux

orientaux, tout tournés vers l'amour sensuel ;
plus élevée dans les pays du nord, tout orientés
vers l'action, où la vie est plus sérieuse et la tenue
plus sévère, où l'opinion exerce une surveillance
plus active sur les mœurs. Au « doux pays de
France », où tout est moyen, tout est tempéré
dans le climat et dans les conditions de vie, dans
le développement des facultés physiques et morales, où tout est mesuré dans les sentiments et
dans les idées, dans les désirs et dans les volontés, la vie morale elle-même ne dépasse pas
une tonalité moyenne. Nous détestons l'austérité
et la raideur des mœurs puritaines, où nous
voyons de l'hypocrisie ; et nous nous effarouchons
au spectacle de la licence grossière ou de la volupté raffinée. Le génie gaulois touche aux choses
de la vie morale d'une main légère, monte avec
joie les sentiers de la vertu, sans gravir les sommets, et redescend avec un sourire malin la pente
de la volupté, sans glisser trop avant dans le
plaisir.

La société tend les puissances de son vouloir-
vivre jusqu'à ce qu'elle atteigne la note de virilité
nécessaire. Elle règle, au diapason de cette note,

le système de ses idées sur la vie. Telle est « l'opinion ». Elle sanctionne la conduite de l'homme
par sa sympathie ou par sa haine, par son estime
ou par son mépris ; elle développe dans l'âme des
ressorts de moralité, et protège sa faiblesse contre
des sollicitations trop pressantes. De là la situation qu'elle fait à la femme.

La femme est une source de faiblesse pour
l'homme, un objet de désir de sa part ; sa présence allume la convoitise et la défiance, la jalousie et la rivalité. Lui laisser la liberté de ses
mouvements, ce serait compromettre la stabilité
du foyer, cœur de la vie sociale : aussi l'opinion
l'enveloppe-t-elle d'un réseau d'entraves. L'homme
garde sa liberté ; il doit être la force agissante.
La femme a besoin de surveillance. Dans une
société saine et vigoureuse, elle a plus d'initiative
et de responsabilité. Une société corrompue et
faible resserre les liens qui l'enchaînent, au
point de l'enfermer dans le gynécée, dans le
sérail, ou de lui imposer, quand elle sort, un
voile pour cacher l'éclat de ses yeux, un ample
manteau pour dissimuler le dessin de sa taille.

Tel est le jeu des forces que la société met en

mouvement pour atteindre cette tonalité morale
d'où dépend son existence. Sa voix tantôt hausse
le ton, et tantôt le baisse, plus naturellement
entraînée à descendre au-dessous de la note, si la
volonté de vivre ne se réveillait à temps, et, par
une violente tension imprimée à tout l'être, ne
revenait à la tonalité première. C'est une crise qui
se produit au sein de la société : le danger est à
ses portes ; des perspectives de guerre font désirer plus de virilité. Ou bien le luxe et l'oisiveté
menacent de l'engloutir sous la marée montante
de la corruption. Voilà tout un peuple qui tressaille et s'agite d'un généreux effort. C'est l'heure
féconde où naissent les héros de la pensée et de
l'action, les grands poètes et les grands artistes,
les sages et les saints. La société s'est recueillie en
eux, les a puissamment animés de son génie, fortement pénétrés de son idéal, comme pour indiquer
à toutes les énergies le grand œuvre qu'elle espé-
rait d'elles. Elle les échelonne sur le chemin de
l'homme, pour consoler ses souffrances et solli-
citer ses efforts vers le bien : semblables à ces
bornes gigantesques qu'une main prévoyante a
placées sur le bord de nos routes de montagnes

pour guider le voyageur perdu dans les neiges ; semblables encore à ces phares qui brillent le long des côtes, pour éclairer le bateau que la nuit a surpris au large.

L'art et la poésie, la morale et la religion, la science et la philosophie, plongent leurs racines dans le vouloir-vivre de la société. Ils sont nés des efforts que celle-ci tente pour connaître et réaliser mieux ses aspirations les plus intimes. Le poète et l'artiste, le sage et le saint dépassent leur temps et leur milieu, et ils expriment leur temps et leur milieu. Ils ont vécu à un degré extraordinaire mille aspects de la vie bonne que ce temps et ce milieu voulaient vivre. Eschyle est un Athénien de l'époque héroïque de la Grèce ; Socrate s'épanouissait au temps de l'apogée d'Athènes ; Marc-Aurèle est un empereur romain à l'âme délicate, forte et tendre, au milieu de l'avilissement et de la corruption des âmes au iie siècle. Le sombre pessimiste Shopenhauer est un fils de l'énergique Allemagne, qui s'épuise dans ses luttes avec le colosse français, se réveille en 1815, harassée et meurtrie, et, pendant de longues années, aspire à la détente, au repos, au sommeil, Nietzsche, le grand prophète de la joie, traduit les aspirations profondes du génie allemand, conscient, vers 1860, de sa force et de son énergie, travaillé par des désirs d'unité nationale, et par des rêves de conquête, et trouvant encore assez de vigueur en lui pour renouveler sa vie économique. Chacun de ces grands hommes éclaire de sa lumineuse physionomie, comme une lentille grossissante, la physionomie de son temps et de son milieu.

Les efforts de ces vigoureux ouvriers de la société ont calmé les passions surexcitées de quelques contemporains, éveillé quelques énergies endormies ; ils n'ont pas arrêté le mal. L'art et la poésie, la morale et la religion mêmes, se sont souvent mis au service de la passion, mais ces œuvres sont restées frappées de mort ; le temps les a recouvertes des eaux de l'oubli. Surnagent seules comme des sentinelles immortelles les œuvres des grands artistes et des grands penseurs, qui ont servi les vrais intérêts de l'humanité.

Mais un sage domine de toute sa hauteur morale les autres sages.

Nul avant lui n'avait mieux sondé la plaie qui

rongeait le monde, ni appliqué des remèdes plus énergiques au mal. L'impureté était pour l'homme une menace perpétuelle de mort, et Jésus se fit l'éducateur de la pureté.

Lorsqu'une société assoit ses fondements, elle se préoccupe d'abord de son existence matérielle ; elle demande à la religion moins de faire son éducation morale que de protéger les assises de son édifice : le travail, la propriété, la famille, le patronage, la tribu, la cité, l'État. La religion revêt ainsi une physionomie économique et sociale. Ainsi semble-t il en être des cultes de l'antiquité. La religion chaldéenne est une religion de commerçants ; à ses dieux astronomiques viennent se superposer des dieux guerriers, quand l'Assyrie impose son joug à Babylone. Les dieux égyptiens sont des dieux agricoles. Les religions de la Grèce et de Rome sont des religions de la propriété, de la famille et de la cité. Ni les unes ni les autres ne songent vraiment à pénétrer la vie intérieure de l'homme, à lui prêcher les vertus qui feront sa force. Elles atteignent sa vie extérieure et sociale, l'enveloppent d un réseau de cérémonies et d'actes, le lient par un culte tout formel à la divinité, et par une pression extérieure maintiennent dans son âme, avec la croyance aux dieux, le respect des assises sociales qu'ils protègent. Ne nous étonnons pas si ces divinités partagent les passions des hommes qui les honorent. Les héros grecs qui combattent sous Troie aiment à retrouver en elles les féroces jalousies, les terribles haines, les passions brutales et grossières, qu'ils nourrissent eux-mêmes sur le tronc vigoureux de leurs natures barbares. Au temps de l'Empire, les peintures mythologiques décorent les vestibules de tous les Grecs et de tous les Romains aisés ; ce sont des histoires d'amour qu'elles représentent. Jupiter ne songe guère qu'à séduire Danaé, Io ou Léda, et qu'à enlever Mérope ; Apollon poursuit Daphné ; Vénus est représentée dans les bras de Mars ou d'Adonis. Dieux et déesses sont devenus élégants et futiles, galants et amoureux, sensuels et voluptueux. Les religions de l'antiquité, au caractère essentiellement extérieur et social, plient avec souplesse leur physionomie intérieure et morale aux caprices de la société. Faites pour la société et non pour l'individu, elles ne relèvent pas l'homme quand les assises

sociales s'écroulent ; en mourant, le monde
antique assiste au dernier soupir de ses dieux.

A mesure que les peuples de l'Orient et de la
Méditerranée s'organisaient socialement, que
la vie se compliquait, que le commerce, l'in-
dustrie et l'agriculture se développaient, que la
richesse croissante éveillait le goût des plaisirs
et la culture des arts, les préoccupations morales
de l'homme augmentaient. D'une part, besoin lui
était de plus de virilité, pour porter le fardeau plus
lourd de la vie ; d'autre part, la famille autour de
lui se dissociait, et la religion ne cultivait point en
lui la vie intérieure. Alors naquirent les écoles de
moralistes. La religion juive était devenue for-
melle et morte ; les prêtres de la tribu de Lévi
étaient sans influence morale sur le peuple. Les
prophètes se lèvent en foule, et prêchent, de vi-
lage en village, la force et la santé de l'âme : ils
nous ont donné la Bible.

La Grèce, et plus tard Rome, attirent les philo-
sophes. Le stoïcisme enseigne la morale la plus
vigoureuse. Il proclame le dédain du plaisir et
de la souffrance ; il prêche l'attitude indépendante
et fière en face des difficultés de la vie, ou devant

les tyrannies des despotes. Il réveille le goût de
la virilité et de la grandeur d'âme, et produit dés
héros aux temps de la Grèce esclave ou de Rome
asservie. Mais il prend encore le mal de l'extérieur. C'est d'amour sensuel, de langueur et
d'apathie, que le monde antique se mourait. Il
fallait épurer la notion de l'amour et renouveler
la source de l'énergie.

Jésus, fut la bonté, la douceur, la charité,
l'amour ; il fut d'abord la pureté, car la pureté
engendre la bonté, la douceur, la charité, l'a-
mour. Il naquit d'une vierge. Sa vie est sans
souillure : « Qui de vous me convaincra de
faute ? » Son apostolat est une prédication de la
pureté : « Bienheureux ceux qui ont le cœur
pur. » Quiconque ne paraîtra pas, aux yeux de
Dieu, paré de la robe d'innocence, ne sera pas
admis à la table céleste. Il invite les impurs du
corps et de l'esprit à se laver dans les eaux du
baptême, à devenir les temples de l'Esprit-Saint.
Il va à leur rencontre, les accueille de son sourire fraternel ; il leur accorde sa sympathie et son
amour s'ils se repentent et s'ils aiment. Madeleine
vient baiser ses pieds ; Jésus la laisse faire, don-

nant ainsi aux Pharisiens indignés l'exemple de la nouvelle attitude à prendre en face de l'impureté. Il envoie ses disciples à travers le monde pour prêcher la bonne nouvelle. Le monde, qui aspirait à la vie, la reçut avec étonnement d'abord, ensuite avec enthousiasme. Le christianisme, à le juger humainement, dut son succès à l'intuition géniale qu'il eut des vrais besoins du cœur.

Pourquoi l'idée chrétienne n'a-t-elle pas complètement transformé l'humanité ? Pourquoi n'est-elle pas vécue avec la même intensité à travers les âges, dans les diverses sociétés ? Pourquoi est-elle plus florissante ici, et moins active là ? Les semences qu'elle jette, pour donner une moisson riche, réclament une terre féconde. Plus l'être est généreux, et plus il est docile à l'impulsion du bien. Plus il est porté à l'effort, et plus il est capable de pousser dans la voie de la perfection.

Or, l'être se constitue dans les toutes premières années. En dirigeant le cours de sa vie, en l'empêchant de dévier vers l'égoïsme, l'éducation est capable d'améliorer sa qualité, de le rendre plus apte à la vie intense.

« Dans l'état actuel de l'exercice de sa profession, le médecin a peu d'action sur l'évolution et sur l'issue du plus grand nombre des maladies. Le médecin voit surtout des maladies qui finissent. Or, les étapes des maladies intéressantes pour le malade comme pour le médecin au point de vue d'une pratique efficace, ce sont leurs premières phases, celles qui en constituent la zone maniable... Si le médecin, au lieu de malades à soigner de façon si précaire, avait surtout des gens bien portants à préserver, des maladies à prévoir, et à stériliser dans leurs germes, combien son action serait plus bienfaisante, et combien aussi son rôle social et son caractère moral seraient plus élevés (1) ! »

L'artiste et le poète, le moraliste et le prêtre, sont les médecins de la société ; mais leur fonction est d'enrayer un mal qu'on a laissé se développer. Combien plus efficaces encore seraient leurs efforts, s'ils s'appliquaient à le prévenir !

La psychologie étudie les lois de l'association et de la mémoire, le mécanisme de l'imagination et de la pensée, le jeu des désirs et des émotions ;

---

(1) *Les frontières de la maladie*, par le Dr H. Héricourt, p. 255-257.

elle jette les fondements d'une science du caractère, que Stuart Mill appelait déjà de ses vœux, et se préoccupe de cultiver l'intelligence et la bonté. Mais ce n'est pas là pénétrer au cœur du problème pédagogique. Une éducation de la vie s'impose et une science de la vie pour l'éclairer. Le Dieu ouvrier du monde travaille selon des plans de beauté et de bonté. Les connaître, c'est la possibilité pour l'homme de collaborer à l'œuvre du grand Artiste, et d'ajouter à l'éclat de l'univers. La science des lois physiques en moins d'un siècle a transformé le monde économique. La connaissance et l'application des lois de la vie, en moins de temps encore, transformeraient le monde moral.

VII

LA PURETÉ ET L'HYGIÈNE DU CŒUR

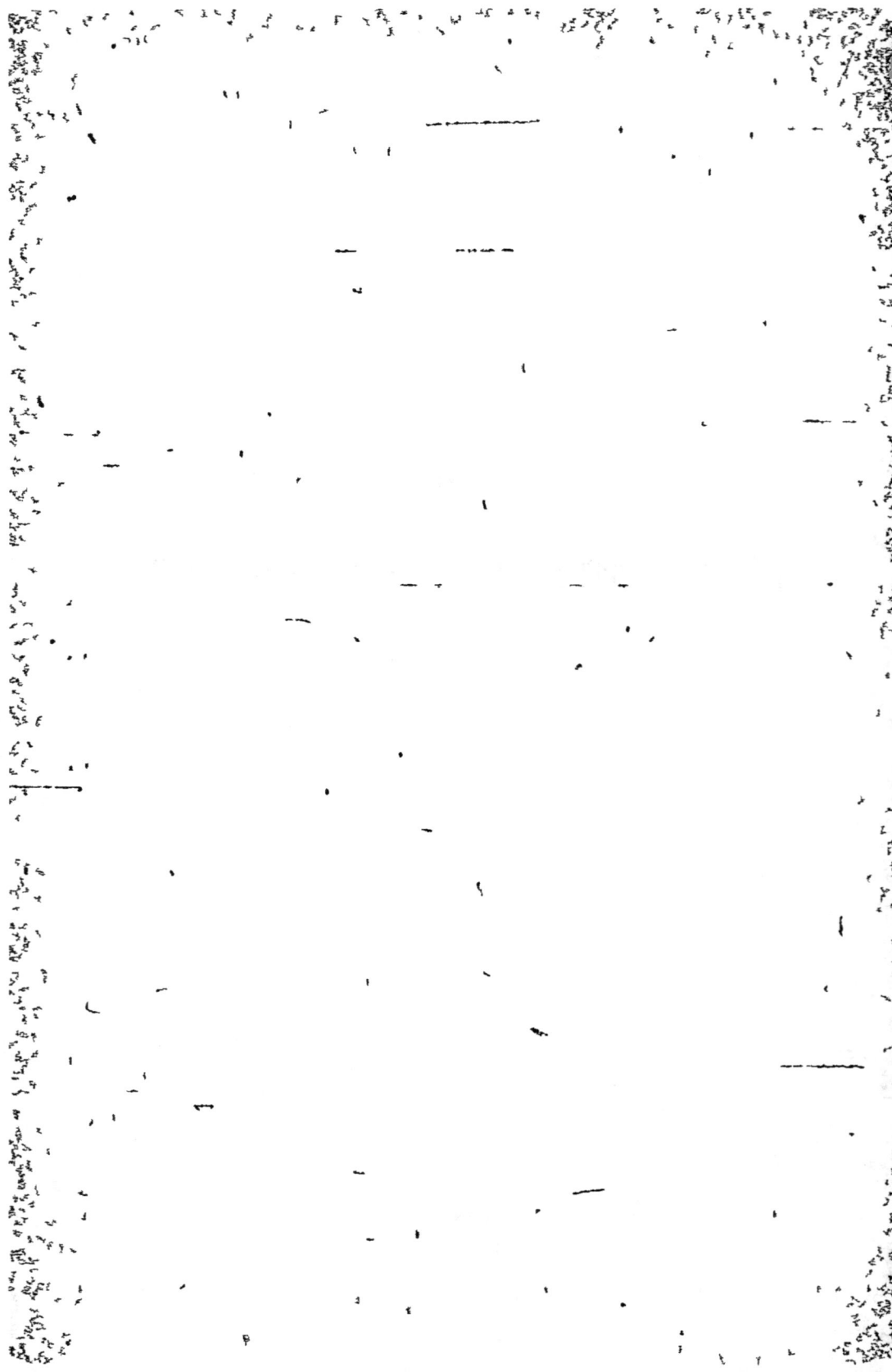

VII

LA PURETÉ ET L'HYGIÈNE DU CŒUR.

Pureté et générosité : tel est le cri que la morale et la religion n'ont cessé de jeter à l'homme. Dans leur intuition profonde des besoins du cœur, éprouvée par l'expérience des siècles, elles ont fait de ces vertus les conditions de la vie intense et heureuse. Pour les imposer au respect de l'homme, elles ont appuyé leur autorité sur la volonté de Dieu ou sur le commandement du devoir. Mais l'homme, emporté par la voix égoïste qui parle à son âme, se révolte contre la notion de Dieu et l'idée du devoir, opposant à leur contrainte les exigences de sa propre nature. En vain accumule-t-on les arguments : ces arguments résonnent à vide dans son âme décidée à repousser la contrainte de toute loi morale ou religieuse.

Aussi bien pour le convaincre, faut-il partir de la notion de nature. Il désire vivre de la vie la plus intense. L'attitude la plus persuasive à adopter devant ses exigences, c'est de lui montrer que la vie la plus intense est aussi la vie la plus généreuse, que les vertus dont la morale et la religion lui ont de tout temps fait une obligation, sont les lois mêmes de la vie la plus féconde ; que la pureté et la générosité sont à recommander au nom de la science de la vie.

L'instinct de la génération tient de bonne heure la plus grande place dans l'être humain. A lui est suspendue notre vie morale. La vie du cœur plonge ses origines aux premières manifestations de la puberté ; la beauté de son développement tient au développement normal des fonctions sexuelles. La nature assure d'abord la vigueur du corps ; elle transforme le surplus en sentiments et en idées. La totalité de ses forces lui est nécessaire pour réaliser cette œuvre grandiose. Toute saignée opérée sur le tronc, par le canif brutal d'une main maladroite ou perverse, en précipitant la sève au dehors, appauvrirait la vigueur de l'arbre, et tuerait ses promesses de fleurs et de fruits.

La nature éveille le premier — le désir du développement, pour préparer en nous l'être fort ; le désir de plaire ensuite, pour colorer l'âme de teintes altruistes. L'un agit selon des lois plus géométriques et dresse la charpente de notre être ; l'autre obéit à des lois plus esthétiques, et assure l'élégance des proportions, la finesse des détails. Le degré d'énergie qu'ils apportent varie avec les desseins de la nature, mais l'un et l'autre visent à la vie la plus riche. L'impureté désorganise cette œuvre. C'est le désir de plaire qu'elle appauvrit d'abord, et progressivement tue. La nature saine et riche est une fleur d'amour épanouie sur un arbre de vie. La fleur d'amour meurt la première sous les coups de l'impureté. L'âme pure est prompte aux grandes pensées, aux nobles sentiments, aux généreuses résolutions. Sa puissance d'aimer déborde de son vase, et semble ne pouvoir s'épuiser. C'est l'heure sainte de l'enthousiasme. Mais l'impureté tue l'enthousiasme et appauvrit la puissance d'aimer. Elle mutile la vie.

Sans doute le plaisir est attaché à l'exercice des fonctions sexuelles, comme il est attaché par une loi de la nature à l'exercice de toutes les fonctions vitales. Mais ici, moins que partout ailleurs, le plaisir peut être la fin de nos recherches. Plus que tout autre, l'activité sexuelle est sérieuse. La nature a déposé au sein de ces fonctions le plus vaste réservoir de ses énergies. En profiter pour se créer une source de voluptés, c'est tuer la vie en nous. Le corps est-il satisfait dans ses fonctions essentielles ? Une réserve d'énergies est-elle disponible au sein de l'être ? Si elle tend à s'écouler par la voie du corps, c'est une erreur de la nature ; la dépense serait inutile, et le désir le plus profond de la vie est de s'enrichir. L'éducation d'abord, l'intelligence et la volonté ensuite, doivent orienter vers le cerveau ce courant d'énergies, et le transformer, au sein de ce laboratoire, en manifestations intellectuelles et morales. Une impulsion sera donnée à tout l'être supérieur. Sa parure y gagnera en éclat et en beauté.

Se bornerait-elle à dépenser les forces que le corps a laissées disponibles, sans atteindre la vie physique, la recherche du plaisir diminue la vie morale et meurtrit le vouloir-vivre. Dépasse-t-elle cette mesure, entame-t-elle les forces que la nature réservait au développement des fonctions organiques, la vie physique s'appauvrit, blessée à sa

source même ; elle menace ruine et attriste le spectateur, semblable à un de ces troncs qui se dessè-
chent, et sur lesquels poussent ,encore quelques
branches avec de rares feuilles, quelques fleurs
pâles et des fruits rabougris. Des goûts de solitude affligent l'être ; la nature venge ses lois
violées en colorant de tristesse et d'ennui sa vie
intérieure, en créant dans son corps des besoins
dépravés et des troubles morbides qui mar-
quent sa dégénérescence.

La pureté est la condition de la vie intense, et
en même temps la source des joies les plus exquises. Nul plus que les saints n'a vécu une vie
intérieure noble et délicate. Une félicité débordante les a récompensés de leurs efforts. « Dieu !
qu'elle est donc grande, l'abondance des délices
que goûtent dans le secret ceux qui vous aiment
et vous servent ! » La pureté n'est pas une vertu
« ascétique », une mutilation de la vie. Elle est
une vertu « virile » ; elle est à prêcher au nom de
l'hygiène du cœur.

II

L'impureté de l'esprit n'est pas moins dissolvante. « Regardez donc ces hommes ! Ils ont de la boue au fond de l'âme ! » L'impureté de l'esprit pousse à l'impureté du corps. Elle associe la pensée du mal aux actes de la génération. Elle décolore le système de nos idées sur le corps, sur l'amour et sur la femme. Elle trouble les relations de l'homme et de la femme, détruit les charmes de la vie sociale, et sème la jalousie, la discorde et la haine. Elle est une pauvreté de vie morale pour l'homme et pour la société.

La seule attitude permise aux âmes délicates est d'observer sur ces choses une réserve pudique. Ceux-là en parlent librement qui en font un sujet de propos plaisant, une source de rire et de moquerie. Un regard indiscret jeté sur le corps est un appel au plaisir. La nudité devient un spectacle que la pudeur doit se refuser. Le corps est une portion méprisable de l'homme. Il est la chair qui tyrannise l'esprit, la prison qui attriste, la chaîne qui entrave l'âme, le démon aux prises

avec l'ange. Il est digne de la haine et du mépris.
Le flageller, c'est sauver l'âme en nous.

Mais cette conception « ascétique » enveloppe
de l'injustice. Tous les actes de la vie ont leur
innocence et leur grandeur. L'œuvre de la
nutrition est sérieuse ; l'œuvre de la génération, plus sérieuse encore. Ni l'une ni l'autre
ne saurait prendre le plaisir pour fin de son
activité. Le corps et l'âme sont solidaires dans
leur développement. Le corps puise le premier, pour réparer ses dépenses, dans le
magasin des forces organiques ; le surplus
doit se réaliser en vie morale. Il est heureux,
épanoui et sain, s'il obéit à cette loi. Il s'attriste,
s'appauvrit et s'étiole, s'il dévie vers le plaisir.
Mépriser le corps, c'est mépriser la vie. Morbide
est l'imagination qui se complaît dans le spectacle voluptueux de sa nudité. Ignorant et faible
est celui qui détourne de lui ses yeux attristés.
La vérité veut que nous jetions sur sa nudité un
regard innocent, que nous ayons le respect et
l'amour de ses formes. La science a déjà progressivement chassé de la nature les mille divinités
bienfaisantes ou terribles, dont l'imagination

ignorante avait peuplé ses eaux et ses forêts, ses
plaines et ses montagnes. Celle-ci nous est apparue
vêtue de lumière et de beauté. Les grands artistes
de la Renaissance avaient raison. L'opinion ascétique du moyen âge avait tort. Le corps a son
esthétique. Le sage moderne, comme le sage grec,
doit, dans son corps comme dans son âme, se ciseler sa statue harmonieuse.

La même opinion « ascétique » jette le discrédit
sur la femme. Une réserve maladroite entretenant
dans le jeune homme son ignorance des lois de
la vie, sa curiosité malsaine a deviné en elle une
source de voluptés. Il aborde les choses de l'amour
avec un œil trouble et une lèvre fiévreuse. Son
regard s'éclaire d'une lueur étrange, ou bien son
visage moqueur esquisse un sourire pénible.

Ce discrédit s'évanouirait avec la pensée d'impureté qui l'a fait naître. La vérité apporterait sa
poésie. Dans cette atmosphère plus saine, l'âme
s'épanouirait débordante de force et de gaieté.
La femme y gagnerait en dignité et en considéra-
tion. Elle cesserait d'être pour l'homme une cause
de faiblesse, pour devenir un principe de force,
le foyer qui alimente sa flamme, la tendresse qui

rend sa volonté plus virile, la consolation et la joie qui renouvellent ses désirs de lutte et de conquête, la détente et le jeu qui le reposent des exercices violents de la guerre et de l'action.

III

Une opinion trop répandue présente la continence comme une loi contre nature. Si la morale et la religion en font une vertu, c'est, dit-on, pour des raisons physiologiques. Les droits de la chair sont intangibles ; il faut leur céder, il faut leur obéir. La science et la médecine s'opposent à toute contrainte. L'amour n'étant, après tout, dans sa réalisation qu'un acte physiologique, nous n'avons qu'à satisfaire ses besoins, moraux par cela même que nous les éprouvons. Combattre l'instinct est une règle superstitieuse. Il doit être écouté sitôt qu'il se fait sentir. Ainsi le veut la nature, cette souveraine longtemps dépossédée par la morale et par la religion.

Ainsi le veut peut-être la nature chez les êtres inférieurs. La vie en eux est simple ; ses besoins sont intimement liés aux besoins de la conservation et de la reproduction. Leur satisfaction est immédiate pour le plus grand bien de l'être. Mais à mesure que l'on monte dans la série animale, le contrôle des instincts s'impose. La vie se complique ; les mille tendances motrices qui la constituent tiraillent son activité pour l'entraîner dans leur direction Ce serait sa dissolution et sa ruine prochaine si, se ressaisissant, elle ne suspendait le cours de ses désirs pour laisser glisser vers l'action ceux-là seuls qu'elle a choisis. Ainsi naît et se fortifie un pouvoir de contrôle et de choix. La vie se crée un organe, le système nerveux, pour accomplir officiellement cette œuvre. La conscience, l'attention, le pouvoir d'inhibition et la volonté, sont donnés à l'homme pour dominer ses appétits, pour assurer l'harmonie de son être.

Donc proclamer le laisser-faire aux impulsions instinctives, c'est, en affaiblissant graduellement le pouvoir de contrôle, préparer la ruine de l'organisme. Selon les données de la pathologie, les troubles de la volonté et de la personnalité tiennent à un défaut de maîtrise de la vie (1). Les perver-

(1) Cf. Ribot, *les Maladies de la personnalité; les Maladies de la volonté.*

sions sexuelles se développent seulement chez des individus différents du type normal, ou qui se trouvent dans des conditions pathologiques. Le manque de contrôle de l'instinct sexuel, aussi bien que ses perversions, constitue une tare, aussi préjudiciable à l'individu qu'au milieu social ; il est un signe de dégénérescence (1).

La lutte contre les instincts est le plus beau triomphe de la volonté. Elle est la source féconde des joies les plus riches dans la santé et la plénitude de l'être. « La possession de ses sens, dit l'hygiéniste Oesterlen, peut déjà éviter par elle-même bien des malheurs, quand elle repose sur une morale élevée, sur la pudeur, sur la dignité de soi-même, enfin quand elle est soutenue par un genre de vie approprié, et par un entourage qui en donne le salutaire exemple. Le jeune homme, comme la jeune fille, doit apprendre à se contenir, jusqu'à ce que son temps soit venu. Or il sera d'autant plus capable de garder sa virginité qu'il se sera plus profondément pénétré de cette vérité, c'est que de cette période critique dépendra tout

(1) Cf. Féré, *l'Instinct sexuel, évolution et dissolution*, p. 1 et 11.

le bonheur de son avenir, surtout en ce qui concerne le mariage ; il faut qu'il sache bien qu'il sera récompensé de cette mortification, de ce sacrifice volontaire par une santé florissante, par une ardeur toujours nouvelle, et enfin par le plus grand des biens, la tranquillité de sa conscience (1). »

Tel est le langage généreux que l'on devrait parler au jeune homme, à son entrée dans la vie ; telle est l'atmosphère optimiste où l'on devrait baigner son âme. Mais l'opinion l'enveloppe de son pessimisme découragé. Elle lui représente comme irrésistible la poussée des sens, comme certaine sa défaite dans la lutte morale ; elle le livre aux difficultés de la vie, guerrier à demi vaincu, quand elle ne prépare pas en lui le libertin prêt à se laisser doucement emporter aux attraits du plaisir. Savez-vous, dit-on, qu'un homme qui passe sa vie à remplir ce devoir de l'abstinence continue trouve à peine le temps et la possibilité de faire autre chose ? Ses plus belles années se perdent à livrer un dur combat dont l'influence

(1) Cité par Ribbing, *Hygiène sexuelle*, p. 88-89.

paralysante, pour ne pas dire destructive, qu'il exerce sur ses facultés intellectuelles, ne peut guère être soupçonnée que par celui qui en a été lui-même plus ou moins l'objet (1). Ignorez-vous les angoisses et les tourments des hommes et des femmes de religion, qui ont fait vœu de chasteté ? Les cellules des religieux, les tentes des moines ensevelis au désert, n'ont-elles pas souvent gémi des plaintes et des cris de ces âmes meurtries par le poids de la solitude ? Les médecins compétents répondent que ces difficultés immenses sont des cas plus ou moins morbides. Les troubles qui accompagnent la continence ne seraient pas si gênants s'ils n'étaient exagérés chez les jeunes gens, si leur imagination n'était excitée à un degré extraordinaire par les livres ou par les conversations, par les images ou par les caricatures (2). Il faut dire, il faut répéter à satiété, dit le docteur Queyrat, que la chasteté n'est chose ni mauvaise, ni ridicule, ni déshonorante pour les jeunes gens; tout au contraire, il faut proclamer bien haut que la continence n'est

(1) Cf. Ribbing, *op. cit.*, p. 100.
(2) Cf. Ribbing, *ibid.*, p. 107.

pas chose si difficile à réaliser, au moins pendant plusieurs années (1).

La nature est sage. Si elle nous fait une loi de contrôler nos désirs, c'est qu'elle a tout disposé pour nous faciliter la victoire. — Le tout est de suivre ses conseils, de la placer dans des conditions saines de développement. Le désir naît.il avec la poussée d'une vie débordante ? La lutte s'achèvera sur la victoire si nous fermons à ces activités la porte des sens pour les orienter dans une autre direction. L'énergie momentanément refoulée sur un point se détend d'elle-même, et se résorbe pour se porter ailleurs. Vous avez le devoir de réprimer une poussée par un endroit, faites-lui la place plus large d'un autre côté, dépensez honnêtement cette force qu'il vous faut dépenser (2). Pour un jeune homme élevé dès son enfance avec attention, et dont l'âme n'a pas été souillée par des pensées impures, la continence est un but facile à atteindre, sans qu'il soit besoin pour cela d'efforts surhumains (3).

(1) Cité par Montier, *Education du sentiment*, p. 32-33.
(2) Cf. Montier, *ibid*, p. 35.
(3) Cf. Acton, cité par Ribbing, *Hygiène sexuelle*, p. 103.

L'œuvre est plus difficile à réaliser si la pre-.
mière éducation de la puberté a été mal dirigée,
ou si le milieu social ambiant est trop favorable
à l'éclosion du vice. La lutte n'est jamais impossible, ni surtout infructueuse. L'idéal pour le
jeune homme est toujours de revenir à la maîtrise
de ses instincts, de reconquérir le contrôle de
ses désirs. Plus que tout autre, le jeune homme
faible a besoin d'une pensée de confiance et
d'espoir ; plus que tout autre, il doit savoir que
la pureté est la source de la virilité féconde
et généreuse.

VIII

LA BONTÉ ET LA VIE INTENSE

VIII

LA BONTÉ ET LA VIE INTENSE.

L'œuvre de la pureté réalisée, les mille fissures sont bouchées par où s'échappent les forces de l'être. La vie qui s'avance apporte dans son lit bien canalisé ses énergies grandissantes. Elle n'est pas aveugle et capricieuse dans ses démarches ; mais elle est soumise à un mouvement régulier et harmonieux. Vivre c'est agir, c'est dépenser pour réparer ensuite ses forces, c'est revenir plus fort de ce déploiement d'activité pour redonner ses réserves d'énergie. « O grand astre ! Quel serait ton bonheur si tu n'avais pas ceux que tu éclaires ? » Que serait la vie si elle n'était don d'elle-même ? Expansion au dehors, et retour sur elle-même ; de nouveau expansion au dehors, et retour sur elle : tel est son leitmotiv. A chaque fois elle s'enrichit. Quand elle déborde d'être, elle se fait plus complètement généreuse. Elle se reproduit, au risque souvent de mourir épuisée de ce grand effort. Elle est bonté, sacrifice.

La bonté prenant conscience d'elle-même, l'être trouvant plaisir à se donner, tel est l'amour. L'amour est ainsi un acte vital. « Aimer, cela prend tout l'homme, ou cela se fait avec tout l'homme. C'est passion d'abord ; c'est mêlé aux sensations. Puis c'est sentiment. Il y faut la raison, il y faut la volonté. Amour est acte d'âme ; amour est consentement à ce qui est bon, à ce qui est ; amour est don de soi. Tout l'être, toute la personne est là. C'est un acte total, où tout se réunit pour se donner. Tel est le vrai amour, celui que saint François de Sales appelle si bien « l'amour intellectuel et cordial ». Si c'est là aimer dans toute la force et dans toute la plénitude du terme, aimer est, je puis le dire, un acte vital, l'acte vital par excellence, le produit, l'expansion, le fruit de la vie même (1). »

L'amour vaut ce que vaut la vie. Riche et généreux, si la vie est riche et généreuse ; pauvre et maladif, si la vie est pauvre et maladive ; fort

(1) Cf. Ollé-Laprune, *Le prix de la vie.*

et tendre, si la vie est forte et tendre ; égoïste et souffrant, si la vie est égoïste et souffrante. L'amour que désire la nature de tout son vouloir-vivre, c'est l'amour le plus expansif et le plus généreux, c'est la Bonté qui se donne, et qui s'enrichit du don qu'elle fait d'elle-même.

Donner en effet, c'est recevoir. Dans l'acte d'aimer, l'être prend davantage conscience de lui-même, s'apprécie plus lui-même, jouit plus intensément de sa richesse. Donner, ce n'est pas renoncer à soi, c'est faire davantage sien l'être à qui l'on se donne. Aimer, c'est posséder mieux l'objet de son amour. L'amour vrai n'est pas le sacrifice ni l'appauvrissement, mais plutôt l'éveil et l'enrichissement de la personnalité. Dans l'acte d'aimer, Moi et Lui se concilient, se fondent. Moi aspire à Lui pour revenir à soi plus riche et plus épanoui.

Le don que l'on fait de soi-même a d'autant plus de prix, que l'être que l'on offre est plus riche et plus substantiel. Aimer nous pousse à développer notre être. Amour d'abord, et par suite richesse ; générosité et par suite puissance. Mais la vie riche et puissante veut s'épanouir en tendresse et en bonté.

Un Napoléon Ier eut une intensité de vie excep-
tionnelle : il déploya le spectacle de l'activité la
plus extraordinaire sur tous les champs de bataille
de l'Europe. Il pensa, il voulut, il agit, il sentit ;
il imposa sa pensée, sa volonté, ses sentiments,
son activité. Il fut un héros de la force brutale,
meurtrière, de l'énergie en lutte avec les autres
énergies, s'enrichissant des ruines qu'elle faisait,
s'enorgueillissant des désastres qu'elle causait,
écrasant l'homme, et jamais ne le relevant. Cette
force touche à la grandeur par sa puissance même.
Elle ne fut pas vraiment féconde, parce qu'elle ne
fut pas tendresse et amour. Elle n'est pas la force
vraie selon les lois de la vie, elle n'est pas la
grandeur morale. Celle-ci est force et tendresse,
courage et bonté, énergie et charité. La force est
à la tendresse, le courage à la bonté, l'énergie à
la charité, ce que le tronc et les branches sont
aux fleurs et aux fruits. Les fleurs et les fruits sont
la beauté de la vie. Nul héros plus que le saint n'a
réalisé la grandeur morale. Quand le christianisme a fait de la charité l'essence de la religion,
il a bien vu, dans son intuition profonde, que
c'était se placer au cœur même de la vie, répondre

aux aspirations les plus intimes dè l'âme humaine, et asseoir sur des fondements éternels l'édifice de sa durée.

La force la mieux apte à se donner, c'est la force maîtresse d'elle-même. Elle ne s'avance pas irritable, impétueuse, à la façon du torrent qui ravage les terres. Elle coule majestueuse et lente entre ses rives. Sa physionomie est faite d'ordre et d'harmonie. La noble possession de soi, voilà l'essence de la beauté morale. Le plus grand charme de la beauté physique n'est-il pas d'exprimer une énergie victorieuse de toutes les entraves ? Si le sourire offre tant d'attrait, n'est-ce pas qu'il affirme le triomphe de l'esprit sur la matière, de la force douce et libre sur la force mécanique et brutale ? L'être vraiment riche veut être bon et beau. Selon la profonde pensée grecque, le sage est un musicien, la vertu est une poésie.

La vie, qui semble dans ses démarches multiples avoir pour principale occupation de perpétuer l'existence, sème comme en se jouant sur sa route la bonté et la beauté. L'esthétique, en même temps que l'utile, entre dans ses intentions. En créant les sexes, elle fait double le foyer de la

génération ; pour y rétablir l'unité, elle produit
la Beauté. L'œuvre de la génération est un choix
spontané et libre entre les époux. Un charme les
attire l'un vers l'autre ; ils acquiescent à ce charme,
ils se désirent et se donnent l'un à l'autre. Poussés
par le besoin de plaire, ils composent leur être selon
des lois esthétiques. Ils travaillent à se faire aimables
et bienveillants. Ils visent à la bonté d'abord,
car elle est le lien moral par excellence entre les
êtres ; à la beauté ensuite, car elle est l'image de la
bonté. Si la beauté et la bonté sont si attrayantes,
c'est qu'elles expriment l'une et l'autre une vie
débordante et libre, joyeuse et sereine, prompte
à se répandre et à se donner.

Amour, force, bonté, beauté, tels sont les éléments
dont se constitue l'idéal moral ; telles sont
les notes simples dont il compose les diverses
phrases de ses mélodies variées. Tantôt c'est l'une,
tantôt c'est l'autre de ces notes qui donne sa couleur
au morceau. La vie varie ses desseins avec
les besoins de la société. Ici, sous un climat sévère,
et parmi des conditions dures d'existence,
elle vise avant tout à l'énergie ; là, sous un ciel plus
riant et plus ensoleillé, elle tend d'abord à la

beauté. Ici, l'homme, habitué à vivre sur ses
terres isolées, par lui-même et pour lui-même,
d'un travail difficile et ingrat, aspire à la force
indépendante et libre. Là, l'homme aime à passer
ses loisirs parmi la société qui l'entoure, et il s'é-
panouit en grâce, en amabilité. Ainsi s'expliquent
les physionomies si profondément individuelles
des grands hommes et des saints, des héros de
la pensée et de l'action. Mais partout où elle est
victorieuse des obstacles, la nature réalise la vie
la plus intense et la plus généreuse.

II

Longue et pénible est la préparation de l'homme
à la lutte pour l'existence et pour la beauté. L'enfant attend de longues années avant d'atteindre
à la virilité. Aussi le produire à la vie physique
n'est-il que le premier acte de la génération. Le
second acte consiste à le produire à la vie sociale.
Quand la nature a jeté les époux dans les bras
l'un de l'autre, elle ne les sépare pas l'œuvre
de l'hymen réalisée. Elle les maintient unis
pour l'éducation de l'enfant. Elle assure l'exis-

tence de la famille, foyer de la vie sociale,
en mettant au cœur de l'homme des instincts
puissants : c'est l'amour et l'amitié qui lient
l'un à l'autre les deux époux ; c'est le sentiment paternel qui attache les parents à l'enfant
et les pousse à se dévouer pour lui ; c'est la piété
filiale. qui unit l'enfant à ses parents ; c'est l'a-
mour fraternel qui assure la paix et l'harmonie
parmi les membres de la famille. Tous les sentiments sociaux les plus élevés partent de là,
comme autant de rameaux d'un même tronc. Ils
ne sont pas, comme le veulent les utilitaires, le
produit de la civilisation. La civilisation fait
éclore leurs fleurs ; mais ils plongent leur tige au
cœur même de la vie.

Dès que la vie sociale commence, et que les volontés individuelles entrent en rapports, les difficultés surgissent. Si la nature pouvait réaliser
toutes les promesses de son idéal le plus élevé,
l'harmonie régnerait entre les activités ; les intérêts de l'individu se marieraient avec les intérêts
de la communauté. L'homme songerait plus à
donner qu'à garder ; et sa générosité reviendrait
plus riche des présents d'autrui ; le règne de

l'amour et de la bonté assurerait le règne de la paix et de la richesse. Mais des causes perturbatrices gênent l'accomplissement de cet idéal. Une puissance d'égoïsme se tient installée au fond de l'être. Elle s'exaspère, s'irrite au choc de la lutte économique. Une intelligence incomplète des vraies relations entre les hommes, de leur intérêt bien entendu, fait surgir des causes de conflits. Le vouloir-vivre de l'un s'oppose au vouloir-vivre de l'autre. Devant cette menace perpétuelle de guerre, l'opinion s'arme pour la défense de l'homme. Elle règle la liberté de chacun, lui assigne sa sphère d'activité ; elle proclame le respect de la propriété et de la personne ; elle reconnaît à l'homme des droits ; elle en sanctionne le respect par son estime ; elle en condamne la violation par son mépris. Elle pousse l'autorité dirigeante à mettre la force armée au service des droits individuels. Elle l'invite à en dresser le code. Telles sont les notions de justice et de droit. Plus incomplètes et moins bien délimitées ici, plus claires et plus précises là, elles suivent, dans leur développement et leur complication, le développement et la complication des sociétés. Mais elles trahis-

sent une forme inférieure de la vie morale. Elles
sont une arme entre les mains de l'homme et de
la société pour défendre leur vouloir-vivre contre
les empiétements de l'égoïsme. Nécessaires et
bonnes en tant qu'elles répondent à cette nécessité, elles sont appelées à disparaître devant une
forme plus haute de la vie morale, sous le règne
de la loi d'amour et de charité.

Amour, force, bonté, beauté, sociabilité, justice : tels sont les jalons que la vie lance sur sa
route dans sa marche vers l'idéal. Tels sont les
traits dont elle colore sa physionomie morale. Ces
notions apparaissent vénérables à la pensée incapable de les contempler sans ravissement. Mais
quelle raison secrète leur donne à nos yeux leur
prix et leur beauté ? Allons-nous à elles pour des
raisons toutes sentimentales, de ces « raisons du
cœur que la raison ne connaît pas » ? N'avons-
nous pour justifier notre estime et notre enthousiasme qu'une intuition « mystique » ? ou cette
intuition serait-elle une vue profonde lancée dans
les régions mystérieuses de l'être, et y découvrant
les lois fondamentales de la vie ? Se jeter d'un
bond au sein de la vie, observer le cours de ses

démarches vers l'idéal. c'est retrouver les lois suivant lesquelles elle agit, c'est les rattacher au sol où elles plongent racine. Leur caractère sacré tient au caractère sacré de la vie. Leur donner notre admiration, c'est donner à la vie notre admiration. Voir en elles une manifestation du divin, c'est mettre le divin dans la vie. L'idéal moral n'est pas transcendant ni extérieur à l'être ; une volonté étrangère ne l'impose pas du dehors à sa volonté obéissante. Mais la raison le trouve gravé en traits vivants au plus profond du cœur, et la volonté autonome lui donne son assentiment. La morale sort donc des entrailles mêmes de la vie ; elle en est la portion la meilleure, la plus achevée. Elle est la vie victorieuse des entraves, en possession de toutes ses richesses.

IX

LE MOBILE D'ACTION ET LE DÉSIR
DE PLAIRE

IX

LE MOBILE D'ACTION ET LE DÉSIR DE PLAIRE.

I

Telle la vie circule à travers notre être. Elle le met en marche, et tout ensemble lui indique la direction. Elle est à la fois la source de l'énergie et le foyer de l'idéal. Prend-elle conscience d'elle-même : elle devient le désir de vivre.

Qu'on y regarde de près. Au fond de tous nos actes se tient le vouloir-vivre; il est la source d'où spontanément ils jaillissent, la force qui les engendre, depuis le premier tressaillement de l'embryon au sein maternel jusqu'à la dernière convulsion du vieillard, depuis l'activité du paysan qui laboure péniblement son champ jusqu'à l'activité du savant qui travaille fiévreusement dans son laboratoire, depuis l'effort de l'artiste pour réaliser en une œuvre son idéal de beauté jusqu'à l'enthousiasme du missionnaire qui donne sa vie pour la gloire de son Dieu.

Le vouloir-vivre vaut ce que vaut la vie qu'il exprime. Fait-on de la vie une force égoïste et capricieuse : il est égoïste et capricieux. La conçoit-on généreuse et pure : il est généreux et pur. Le même discrédit, en atteignant la vie, ruine du même coup le vouloir-vivre. Justifier l'une, c'est justifier l'autre, c'est l'autoriser à se prendre pour le mobile le plus fécond de notre conduite.

Le vouloir-vivre est essentiellement désir de l'idéal, énergie qui tend à l'objet de son désir ; il devient joie quand son activité s'épanouit dans le triomphe. Désir, joie, attraction de l'idéal, telles sont les données fondamentales de la conscience. Si rien ne s'opposait aux démarches de la vie vers le bien, point ne serait besoin d'un autre élément moral. Mais la vie se trouble ; une force égoïste travaille en elle aux côtés de la force altruiste. Le vouloir-vivre généreux affirme sa supériorité et ses droits ; il commande au vouloir-vivre inférieur ; il légifère. « Je puis, je veux, donc je fais » : telle serait la loi de la vie dont rien ne contrarierait l'élan généreux ; mais éprouve-t-elle de la résistance : elle se protège d'un rempart nouveau ; elle prend une voix impérative,

et sa formule devient : « Je puis, donc je dois. »
Telle est la raison « vitale » du devoir. Eclairer
ses origines psychologiques, c'est montrer sa
nécessité, c'est établir aussi que la notion de
contrainte ne fait pas l'essence de la loi morale.
Celle-ci veut être persuasive, attractive : le devoir trahit les besoins d'une vie moins généreuse,
moins riche ; il est appelé à disparaître à l'aube
d'une vie plus intense et plus féconde.

Nul philosophe n'est entré plus avant que
Kant dans l'analyse du devoir. La nature est mauvaise, et l'instinct indiscipliné. La raison pratique
s'arme de la voix sévère de la loi, pour réfréner
ses activités emportées. La Prusse soldatesque et
licencieuse du grand Frédéric a besoin d'une voix
impérative pour dissiper l'anarchie de sa vie morale, comme elle a besoin d'une main de fer pour
assurer l'ordre de ses armées. Devant les flots
menaçants de la corruption, le génie puritain de la
Prusse se réveille, et affirme sa nature de soldat
amoureux de la discipline, et d'homme à la vie
morale fortement constituée. Le devoir commande
absolument ; il s'impose sans restriction ; il est
l'impératif catégorique. La nature doit l'obéis-

sance la plus docile à l'ordre de son chef. Le plus noble privilège de l'homme est de servir sous les ordres du devoir, comme son plus grand honneur est de servir sous le commandement de son grand capitaine. Telle est la notion kantienne du devoir, si originale parce qu'elle est si profondément allemande. Raide et autoritaire, sèche et froide, elle est moins faite pour plaire à l'âme française, plus soucieuse de sympathie et de beauté. La pensée protestante, plus que toute autre chez nous, était destinée à l'admettre volontiers : puritaine comme l'âme prussienne, comme l'âme prussienne amoureuse de discipline, ainsi qu'il arrive à de petites communautés perdues à la façon d'îlots au sein de plus vastes communautés hostiles, et poussées à se rapprocher, à s'unir, à désirer le chef et l'autorité.

Eduquer l'homme, l'empêcher de dévier vers l'égoïsme, canaliser le courant de ses énergies dans la direction de la vie la plus haute et la plus intense, ce serait lui conserver toute sa sensibilité aux charmes et aux attraits du bien, ce serait rendre inutile toute voix de contrainte, donner à la vie morale une physionomie persuasive et douce. L'idéal se fait impératif par nécessité : telle est la profonde signification du devoir kantien. Mais il est, par essence, selon la large vue grecque, charme et sympathie.

Toujours est-il que le devoir plonge ses racines dans le vouloir-vivre. Il tient de lui sa nature généreuse, sa force et son efficacité sur la conduite. Il est la vie qui se fait sa propre loi par son désir de toujours progresser et de s'élargir. Mais l'on n'a guère la notion de ce vouloir-vivre généreux ; on s'arrête à une conception défectueuse de la vie. Alors on méconnaît les vraies origines du devoir. Se demande-t-on où trouver la source d'où il jaillit : on la cherche dans quelque région transcendentale. D'autres, découragés par la spéculation métaphysique, se contentent d'admirer la beauté du devoir, et de trouver dans le fait même de son existence la raison suffisante de sa vérité, alors que la vraie démarche de l'esprit est de se placer d'un bond au cœur de la vie, de la suivre dans son progrès et d'y surprendre ses intentions.

II

Si le vouloir-vivre est la source féconde de tous nos actes, pourquoi franchement ne pas faire de lui le mobile conscient et voulu de notre conduite, et suivre ainsi avec docilité l'appel de la nature ?

L'enthousiasme chaud et vibrant qui nous emporte vers l'action n'est que le mouvement le plus spontané d'une vie débordante. La réflexion est un calcul du vouloir-vivre, qui hésite entre deux partis possibles, et cherche l'attitude la plus grosse de promesses. La curiosité de l'enfant pour les choses de l'homme, son besoin d'être pris au sérieux et d'être traité de façon virile, est une manifestation du désir profond qui le pousse vers la vie la plus riche. Voyez comme il lit d'un souffle haletant les exploits d'un héros, la vie d'un homme de guerre remarquable, ou d'un sublime bienfaiteur de l'humanité. Il sent en lui l'étoffe de quelque grand homme ; il est reconnaissant à cette lecture d'éveiller et d'élever les énergies de son être. Nous-mêmes sommes-nous jamais plus libres et plus nôtres, plus joyeux et plus épanouis,

que lorsque nous sommes face à face avec un
grand caractère ? Que l'histoire ou que la poésie,
que le roman ou que le drame, nous transportent
dans le rêve ou dans la réalité, dans le vesti-
bule d'un temple ou dans l'intérieur d'un palais,
en plein forum ou bien au Sénat, dès qu'ils ra-
content ou décrivent, chantent ou agissent les
exploits d'un dieu ou d'un héros, nous ne sommes
jamais des étrangers, mais nous nous sentons en
compagnie d'hommes de notre famille. Nous
sympathisons, avec leurs étonnantes découvertes
ou avec leurs sublimes résistances, plus sim-
plement, plus sincèrement, mais aussi plus
richement et plus intensément, qu'avec le geste
ou qu'avec la parole délicate ou banale d'un
ami. Nous sommes faits pour le spectacle
des larges paysages et des grands sommets,
parce que le vouloir-vivre de notre être aspire toujours à la vie la plus haute, et que dans ce spectacle seul il prend conscience de toute l'étendue de
ses puissances. Dans la préoccupation générale
de notre temps à s'intéresser à la biographie des
grands hommes, à honorer leur mémoire de dis-
cours et de statues, à loger royalement leurs

cendres dans un Panthéon, il faut voir un profond désir de développer en soi la virilité, et le besoin de commercer par le souvenir avec tous les héros du passé, pour porter l'homme en nous à une haute tonalité.

Eveiller de bonne heure, fortifier ce sentiment du vouloir-vivre chez l'enfant, le développer chez l'homme, le lui proposer comme le mobile voulu de tous ses actes, c'est mouvoir en lui le ressort le plus puissant, le plus universel, et tout ensemble le plus moderne. Il est la raison d'agir qui émancipe le plus l'homme et le rend le plus autonome : nul sentiment ne saurait faire vibrer plus intensément des âmes modernes toutes traversées d'un souffle d'indépendance.

Mais le vouloir-vivre n'est pas un sentiment à face unique ; il revêt trois aspects principaux : le désir de se conserver, le désir de se développer et le désir de plaire. Leur apparition successive indique les intentions de la nature, et le prix qu'elle attache à chacun d'eux. Elle assure d'abord la conservation de l'être ; puis elle le pousse à son développement le plus intense ; quand il est assez vigoureux, elle l'invite à se donner, à se

reproduire, elle met en lui le désir de plaire et
le besoin d'aimer. Si le désir du développement
est un progrès sur le désir de la conservation,
le désir de plaire est le mobile le plus riche que
la nature ait voulu. En nous plaçant à ce point
de vue comme en un centre d'observation, nous
verrions toutes les attitudes morales de l'homme
graviter autour de l'un ou de l'autre de ces trois
sentiments ; en même temps, nous apprécierions
leur valeur.

III

N'est-ce pas, inconsciemment sans doute, le
désir de la conservation qui est le ressort
vivant de l'âme stoïcienne ? Aspirant au bonheur,
ne le conçoit-elle pas dans une attitude passive,
consistant moins à plier hommes et choses à notre
volonté qu'à plier notre volonté aux hommes et
aux choses ? Elle aspire au calme et à la sérénité
de l'esprit, à la libre possession de tout son être
physique et moral, que menacent les forces extérieures. Telle la plante frêle et délicate replie
sur elle-même les fleurs trop sensibles de sa tige

pour ne pas se laisser entamer au souffle brutal
des vents. Pressé par la violence des hommes
et des choses, son vouloir-vivre se cuirasse de
patience et de résignation. Le despote veut-il, en
menaçant son corps, maîtriser son âme et sa pensée ? Le sage lui livrera sa vie physique ; mais il
se redressera de toute la fierté de sa conscience
devant la volonté tyrannique ; en acceptant la
mort, il sauvera la liberté de sa pensée, l'indépendance de son caractère, la dignité de son
âme.

Plus riche, plus « virile » est l'attitude germa-
nique, suédoise ou britannique, d'un Nietzsche
ou d'un Ibsen, d'un Carlyle ou d'un Emerson. Le
vouloir-vivre, non content de se garder dans toute
l'intégrité de son être, sort de l'attitude passive
et résignée, pour attaquer et pour conquérir.
Fier des forces de son intelligence et de sa volonté,
il considère le monde comme un atelier où se con-
struire son œuvre, où se ciseler sa statue. Les difficultés de la vie le stimulent activement à se dominer, à se développer chaque jour davantage.
Car « la vie est ce qui doit toujours se surmonter
soi-même ». L'homme est un agent créateur,

une « force nouvelle », un « droit nouveau », « un premier mouvement », « une roue qui roule sur elle-même ». Il entre dans le concert des puissances dirigeantes de la nature. Il est un foyer d'attraction autour duquel gravitent d'autres hommes. Être « substantiel », il est une nourriture solide pour les autres hommes ; astre rayonnant, il répand sa chaleur et sa lumière sur le monde. Ornement, éclat de la société, il peut se suffire à lui-même, se constituer sa propre société. Le monde s'éloigne-t-il effrayé de son originalité ? Que lui importe ? L'être vraiment fort et riche se préoccupe peu de recevoir ; toute sa joie lui vient de se posséder et de se donner. Ibsen va jusqu'à justifier l'isolement du héros. « L'homme le plus fort, dit quelque part un de ses personnages, est celui qui reste seul. » Le bruit des masses l'épouvante ; le contact avec les hommes ne peut que souiller son habit par la boue ; il aime mieux vivre retiré de la foule en purs vêtements de fête.

Mais cette attitude d'énergie morale revêt un cachet de raideur et de dureté, et la vie la plus haute est faite de souplesse et de douceur.

La physionomie du héros allemand, suédois ou américain, est imposante, sévère, isolante ; la vraie physionomie du sage se compose de grâce, de charme et de sympathie. S'il y a de la bonté dans la vertu nietzschéenne qui s'offre, n'est-ce pas la bonté instinctive de l'astre qui rayonne ? Ne lui manque-t-il pas cet oubli de soi et ce souci des autres, ce don spontané et conscient de son être qui se fait aimable et attire à soi pour mieux se donner ? Quand nous soulignons d'un sourire malin l'attitude raide et lourde de l'Allemand ou de l'Anglais, ne voulons-nous pas marquer dans cette raideur et dans cette lourdeur du corps une gaucherie de la vie organique ? De même, le sourire ironique dont nous accueillons son attitude morale est un geste par lequel nous relevons une maladresse, une réussite incomplète de la vie. Nous voilà invités à prendre pour mobile de nos démarches vers l'idéal, le mobile le plus riche que la nature nous indique, dans le désir de plaire et le besoin d'aimer. Nous y trouverons l'attitude la plus féconde et la plus généreuse. En nous poussant vers la vie saine et débordante, il la colorera de bonté et de beauté.

La beauté que veut la nature est une beauté virile, faite de force et de grâce, de vigueur et de charme. Deux jeunes gens de sexe différent se voient-ils pour la première fois ? Avec un sérieux profond, ils se jettent un regard inquisiteur et pénétrant ; ils s'éprouvent l'un l'autre ; du succès de l'épreuve jaillira l'amour, comme une étincelle tantôt lente à se former, tantôt rapide comme l'éclair. Ce sont des conditions de jeunesse, de santé et de force, que réclame d'abord leur inspection minutieuse ; puis, c'est la bonté et la chaleur du cœur, d'où naît l'enthousiasme et l'aptitude à l'action ; ce sont ensuite les qualités de courage et de volonté nécessaires pour soutenir la famille future au milieu des épreuves de la vie ; ce sont enfin les qualités de l'intelligence qui déterminent la portée et la valeur de l'action. La nature appelle à l'œuvre de la génération l'être le plus souple, le plus riche, le plus harmonieusement adapté aux conditions de l'existence. Mais, pour atteindre toute sa généreuse fécondité, elle doit plaire, s'envelopper de charmes et d'attraits, se faire amour et tendresse, douceur et bonté, grâce et beauté.

Telle est la raison vitale qui fait du désir de plaire le centre de l'attitude morale la plus noble, et la plus pure. Il plonge ses racines au foyer même où la vie qui déborde engendre la vie. Sa noblesse et son efficacité tiennent à l'importance et à la grandeur de l'œuvre de la génération. L'éveiller de bonne heure chez l'enfant, le développer chez le jeune homme, le stimuler dans l'homme mûr, ce serait colorer toute sa vie intérieure de couleurs plus douces, plus esthétiques et plus souriantes. Ce ne sont pas des volontés égoïstes et brutales, mais des volontés tendres et aimantes, que la société mettrait en présence et pousserait à conquérir l'objet de leurs désirs. La concurrence vitale, loin d'être un pur conflit d'intérêts, serait une lutte pour la bonté et pour la beauté. Elle développerait sans doute l'aptitude à combattre, l'énergie et la force. Mais dans son besoin de sympathie et d'amour, la nature éliminerait la force violente et intéressée pour promouvoir l'énergie bienveillante et tendre.

X

L'AMOUR ET LA FEMME

X

L'AMOUR ET LA FEMME.

I

Mais le désir de plaire suppose l'attraction de
l'objet aimé. L'homme se sent incomplet ; ses regards fouillent curieusement l'horizon ; tout son
être est mû par l'espérance de conquérir ou par
le besoin de conserver une autre âme vraiment
sienne, « qu'il ait la jouissance de sentir près de
lui, tout le jour, qui compte sur lui, qui l'appelle,
n'écoute que son chant et y réponde par des soupirs plaintifs et doux, à voix basse, et de son
cœur à son cœur ». Une force invincible le pousse
vers « l'éternel-féminin ». L'opinion redoute cette
force ; les morales et les religions s'efforcent de la
discipliner. Les artistes l'ont chantée ; ils y ont vu
le mobile le plus puissant de nos actes, la source de
nos émotions les plus douces et les plus drama-
tiques, de nos joies les plus exquises et de nos
angoisses les plus terribles. Ils en ont peint toute

la réalité, ou grossière et violente, ou souriante et belle. Dar leur intuition profonde des secrets du cœur, ils ont fait de la femme le foyer où convergent les désirs les plus forts de l'homme. En vain, séduits par les charmes du pouvoir, les attraits de l'ambition ou les appâts de la richesse, voulons-nous oublier la voix de l'amour. Celle-ci chante dans l'âme non satisfaite pour lui dire avec le poète que ce qui remplit le cœur,

Ce n'est pas un peu d'or, ni même un peu de gloire,

mais c'est

> l'hymen de deux pensées,
> Les soupirs étouffés, les mains longtemps pressées,
> Le baiser, parfum pur, enivrante liqueur,
> Et tout ce qu'un regard dans un regard peut lire,
> Et toutes les chansons de cette douce lyre
>   Qu'on appelle le cœur.

C'est quand il se croit le plus sûr de son triomphe, que l'homme tombe terrassé sous le charme.

> Elle allait la charmante, et riait la superbe ;
> Ses petits pieds semblaient chuchoter avec l'herbe.
> Un oiseau bleu volait dans l'air et me parla :
> Et comment voulez-vous que j'échappe à cela ?

Est-ce que je sais, moi? C'était au temps des roses ;
Les arbres se disaient tout bas de douces choses ;
Les ruisseaux l'ont voulu : les fleurs l'ont comploté.

Quand son heure a sonné, l'amour parle au
cœur d'une voix irrésistible. « Zeus lui-même, le
maître des dieux, est l'esclave de la déesse invincible. » — « L'amour est fort comme la mort. »
— « C'est un démon qui fait danser l'univers
entier à sa corde de fou. »

L'amour est la loi de la vie. Celle-ci est-elle
inclinée vers le plaisir et vers la volupté : l'a-
mour s'oriente vers le plaisir et vers la volupté.
Or, par une fâcheuse association d'idées, n'est-ce
pas l'image de cet amour licencieux que le mot
lui-même éveille spontanément dans l'esprit ?
Tout au fond de l'être, cependant, l'amour donne
une note plus chantante. Si les poètes l'ont
célébré sur des rythmes infiniment variés, s'il est
la source même de l'art, c'est qu'il est vraiment
richesse et fécondité. Les plus grands d'entre eux
l'ont orné des traits les plus riants, parfumé
des senteurs les plus exquises, couronné des fleurs
les plus belles. La préférence que nous leur don-
nons ne dit-elle pas assez que leur idéal exprime

le plus complètement notre idéal, que l'amour
noble et grand est celui où nous voulons reconnaître les intentions de la vie ? Notre cœur ne
donne-t-il pas secrètement raison au poète ?

> Les femmes sont sur la terre
> Pour tout idéaliser.

La nature a créé l'amour pour attirer l'un vers
l'autre l'homme et la femme. L'objet aimé s'entoure de charmes ; l'amant, pour le mériter, se
fait plus rayonnant et plus beau. L'être attire à la
fois et est attiré. Il réalise en lui une perfection,
et du même coup invite l'être aimé à réaliser un
nouveau progrès. Ainsi passe d'âme à âme, à travers le monde, la flamme de l'idéal qui réchauffe
l'humanité.

L'amour n'est pas un jeu frivole et badin, une
poursuite vaine du plaisir, une distraction de la
vie, mais il est le drame le plus sérieux qui se
joue au foyer de l'être, le don libre que deux individus se font l'un à l'autre de tout eux-mêmes.
Il est joie et bonheur, car le bien le plus concret
que l'homme puisse posséder, c'est une autre
âme vraiment sienne qui le complète. Mais le don

le plus riche appelle l'être le plus riche. La vie qui tend à la plus haute réalisation de ses promesses installe le désir insatiable au cœur de l'homme ; ce désir est la source d'efforts toujours nouveaux et de progrès incessants. L'amour est ainsi force et idéal. Il est pur, puisqu'il accomplit l'œuvre la plus essentielle de la vie ; il est noble, puisqu'il nous pousse vers la perfection.

Il n'est pas changeant, mais il aspire à se fixer sur un objet unique. Il n'est pas une passion qui éclate, bouleverse la vie, et se dissipe comme l'orage, mais une succession de passions différentes, qui alimentent et renouvellent la vie tout entière. Il est la collaboration intime et féconde de deux êtres pour réaliser en chacun d'eux, et pour promouvoir dans un nouvel être, la vie la plus haute et la plus riche.

La nature a fait de l'homme le protecteur de la femme et de l'enfant. Elle a mis en son âme le besoin de l'action. Lutter incessamment contre les forces extérieures et contre les volontés rivales des hommes, assurer sa place dans le monde, affirmer constamment sa personnalité, telle est la grande tâche qui réclame son temps et ses efforts.

Mais il se tromperait sur les vraies intentions de la vie s'il prenait cette tâche pour l'essentielle et pour l'unique. Sans doute la nature a attaché le plaisir à l'exercice de ses activités, à la recherche du triomphe et de la richesse, à la conquête de l'honneur et de la gloire. Mais ce plaisir est un moyen, et non une fin ; il est un stimulant pour nous pousser à devenir plus noble et plus aimable.

L'homme se retire épuisé des exercices de la guerre. Un besoin de tendresse s'éveille en son âme. Il était tout ardent à la lutte, intrépide devant le danger, impassible dans l'infortune ; le voici qui devient tremblant et faible comme l'enfant. Au fond de tout homme, il y a un grand enfant qui veut rire et jouer. C'est cet enfant que la femme doit charmer, tandis qu'elle s'incline devant l'homme fort et vaillant, son seigneur et son maître.

La femme est toute tendresse et amour. L'homme doit avoir une âme aimante et tendre, ou la femme n'aura pas de prise sur lui, et, se sentant impuissante et faible, elle sera mécontente et triste, car toute âme veut commander et régner. Mais l'amour de la femme s'alimente dans l'admiration. Si l'homme n'est pas l'être noble et beau qu'elle rêve, son admiration et son amour se détachent de lui et se changent en mépris. L'homme qui s'adonne uniquement à l'amour, et lui consacre toutes ses pensées et toutes ses énergies, est indigne de la femme. La femme veut être seulement le repos et la joie, la distraction et le délassement de l'homme. Elle veut être aussi la flamme qui réchauffe son cœur, l'aiguillon qui réveille ses forces, l'ambition qui redouble ses activités, la puissance qui le pousse à se faire chaque jour plus fort et plus riche, plus heureux et plus triomphant. L'homme apporte la substance dont s'alimente l'amour. La femme modèle sur celui qu'elle aime ses pensées et ses sentiments, ses désirs et ses volontés.

Le moyen âge chevaleresque eut le tort de ne concevoir que l'amour hors du mariage ; c'est l'amour artificiel d'une nature à qui les conditions de la vie sociale ne permettent pas de suivre sa vraie pente. Mais il eut raison de comprendre toute la générosité de ce sentiment. « Pour Dieu et pour ma dame », voilà de nos

jours encore le mot d'ordre le plus élevé que
tout chevalier doit inscrire en lettres d'or sur sa
bannière. La vie moderne n'est plus une vie oisive,
toute tournée vers les exercices de parade, ou
vers les plaisirs de la société, mais elle est une
vie d'affaires, un tournoi économique d'où sortira
vainqueur celui qui est le mieux armé dans son
corps et dans son âme, dans sa pensée et dans son
caractère. Le plus précieux stimulant d'action
pour le chevalier moderne, c'est toujours de
savoir qu'il combat sous les regards de Dieu et
de sa dame, comme sa joie la plus douce est de
se sentir plus grand et plus noble, plus digne
d'être admiré et d'être aimé.

II

Ainsi conquérir la femme dans la pensée
finale de la génération : telle est la raison « vitale » de l'amour. N'est-ce pas à rendre le jeune
homme digne de cette grande mission que consiste la principale tâche de l'éducateur ? La vie
est tendresse : plante délicate qui veut épanouir
ses fleurs aux chauds rayons de la joie et de

l'affection. Manque-t-elle de tendresse et de sympathie, d'affection et de caresse ? La main qui la soigne est-elle brutale, et la voix qui lui parle sèche et autoritaire ? La puissance d'aimer s'appauvrit. Dissatisfaite et mécontente, elle se replie sur elle-même et s'éprend pour son être d'un amour égoïste ; elle donne l'homme sec et positif, personnel et peu expansif, âme sans chaleur et sans vie, sans douceur et sans bonté. Ou bien trop énergique pour se limiter ainsi à elle-même et mourir dans l'égoïsme, elle pousse l'imagination à lui créer des êtres fictifs à qui se donner d'une ardeur folle ; elle produit alors l'homme sentimental, qui vit égaré dans le rêve, impuissant à s'attacher aux êtres réels, sensibilité frémissante, qui souffre au moindre choc brutal des hommes et des choses, et qui, méconnue du monde qui l'attriste, se chante ses idées et ses sentiments, ses rêves et ses désirs, en un langage ému où se cachent, sous la poussée exagérée d'un amour maladif de l'idéal, l'amertume et la dureté d'un cœur désillusionné. Pascal, Rousseau, Chateaubriand, Stuart Mill, ont souffert d'une jeunesse sans amour. Une mère plus affectueuse eût mis de la tendresse et de la bonté dans l'âme sèche et dure, ironique et méchante, de Voltaire. Schopenhauer aurait eu moins d'amertume et d'égoïsme au cœur si les caresses d'une mère moins frivole avaient passé sur son front de jeune homme. Nietzsche, dans son amour passionné pour la grandeur morale, eût montré moins de raideur et de dureté si son âme s'était épanouie dans la tendresse d'une mère et dans l'affection d'un père.

Eduquer la vie, c'est éduquer le cœur ; c'est envelopper l'enfant et le jeune homme de tendresse, baigner son âme dans la joie féconde de l'affection. A se sentir aimé, il apprend à aimer, trouve du plaisir à aimer, accroît son désir d'aimer. L'être doux et bon se fait en lui. Un lien puissant s'établit entre le maître et lui ; sa docilité est grande pour l'action éducatrice. Là est la source de l'autorité, là est le grand levier qui permet de soulever son âme vers l'idéal. Aimer l'enfant, l'aimer immensément, c'est toujours le secret efficace de le gouverner avec aisance, et d'obtenir de sa spontanéité au delà de tout espoir.

Gagner son affection et sa sympathie est le

moyen ; le pousser au développement le plus intense de son être est le but. L'enfant est mû par le désir de plaire. Utilisez et fortifiez ce ressort d'action. Soyez tendre avec lui, mais ferme ; soyez doux, mais énergique. Si le rôle de la femme est surtout de développer la tendresse dans son âme, l'écueil est qu'elle le rende faible ; son œuvre est féconde si elle lui inspire le désir et le goût de la virilité. L'homme a pour mission de faire de l'enfant l'être audacieux et énergique, confiant et fort, tenace et entreprenant. Mais, pour être efficace, son action doit prendre son appui dans le cœur du jeune homme. Force et tendresse, tel est le mot d'ordre de l'homme et de la femme dans l'œuvre éducatrice. Leur action est solidaire ; elle se complète, se parfait. A l'école, comme à la famille, elle doit s'exercer. Plonger l'enfant pendant des mois et des années dans un milieu scolaire triste et froid, où son cœur ne trouve pas de sympathie, son âme pas d'affection, son front pas de caresse, son regard pas de sourire, sa lèvre pas de baiser, où ses espérances et ses joies, ses tristesses et ses déceptions ne rencontrent pour s'épancher aucune oreille amie, c'est meurtrir sa sensibilité naissante, exaspérer sa jeune imagination et préparer un être morbide.

Le jeune homme qui s'épanouit dans la joie d'être aimé se sent bientôt tourmenté d'inquiétude. Une force mystérieuse l'attire vers des fins inconnues. Sa curiosité se tourne irrésistiblement vers la jeune fille, N'est-il pas fait pour elle ? Le charme qui l'attire, n'est-ce pas un amour naissant ? Quelle attitude adopter en face de ce sentiment puissant et spontané ?

Eduquer la vie, c'est éduquer l'amour, c'est faire connaître au jeune homme les intentions de la nature qui travaille en lui à la réalisation d'une œuvre grandiose, c'est le préparer à vouloir cette œuvre, à se faire plus rayonnant et plus beau pour la fête qui s'annonce.

L'amour, selon les lois de la vie, est noble et sublime. Il est la poésie de l'âme ; il est la source de la beauté. Pourquoi ne pas en parler au jeune homme ? On donne à sa pensée toutes les connaissances qui l'élèvent ou lui sont utiles ; on orne son cœur de tous les sentiments qui peuvent le tremper et l'ennoblir : pourquoi ne pas nourrir sa curiosité des choses qui l'inté-. ressent le plus? On jette dans son âme les semen- ces les plus riches de vrai, dé beau, de bien : pourquoi ne pas y cultiver l'amour, l'amour tel que le veut la vie généreuse, « l'amour qui éclôt d'un rêve, qui fait rougir devant une jeune fille, qui fait remarquer un jour que le soleil est beau, un soir que la nuit est douce (1) » ? Un sympathique intérêt témoigné à ce sentiment qui naît, une oreille bienveillante prêtée à ses plaintes et à ses soupirs, à ses joies et à ses craintes, à ses espérances et à ses promesses, une douce parole de consolation et d'encoura- gement, une caresse tendre et un clair sourire tomberont sur le cœur du jeune homme, comme une rosée généreuse sur la fleur délicate que le soleil a brûlée de ses rayons. Quand le jeune homme sent la solitude peser sur son cœur, pourquoi ne pas donner la pensée de la jeune fille comme douce compagne à son âme anxieuse ? « Pourquoi ne pas bercer d'une douce et réconfortante chanson cette solitude de ses nuits juvéniles? Pourquoi ne pas lui montrer

(1) Cf. Ed. Montier, *Éducation du sentiment.*

de loin et en haut, afin de le forcer à lever les yeux, la fiancée promise, au lieu de le laisser marcher en trébuchant, et en s'attardant à toutes les rencontres? (1) »

« Comment ne la bénirais-je pas, puisque dès ce moment je cessais d'être seul ? Partout je me sentais dans la compagnie et sous la protection de cet être charmant. Elle avait sur moi l'action bienfaisante du premier rayon de l'aube. La terre en était tout embaumée. Je ne souffrais point de son absence, car elle ne me quittait pas. Elle m'était et me restait toute présente. Je ne formais aucun projet. Je n'avais aucune crainte du lendemain. Sa douce, radieuse compagnie ne pouvait m'être enlevée... Avant ce temps, la nature ne me donnait que l'impression de la liberté des champs : aller, venir, courir, se perdre, se retrouver dans la forêt, c'était la vraie beauté ! Depuis ce jour, je pris plaisir au chant du rossignol, aux premières feuilles du printemps qui approchait. Je sentis une âme non plus seulement en moi, mais dans les choses ; je ne voyais plus sans ravissement un buisson d'aubé-

(1) Cf. Ed. Montier, *Education du sentiment.*

pine en fleur. Au milieu de ses touffes argentées se levait et m'apparaissait Mlle Genevrier, comme elle m'avait apparu une fois, en réalité, dans le jardin (1). »

Les longues années de sa jeunesse sont données à l'homme pour se préparer à toute la virilité que réclame l'œuvre de la génération. Que d'efforts vont s'imposer à lui pour acquérir le savoir qui le fortifiera dans la lutte économique, les sentiments généreux et les nobles pensées qui le feront attrayant et sympathique ! Ne voit-on pas qu'on le prive de son plus efficace ressort d'action si on lui laisse ignorer les vraies fins où tend son être ? Ne voit-on pas que l'image de sa fiancée, que la pensée du grand œuvre auquel il est destiné, seront les stimulants les plus énergiques de ses activités, et feront sa marche plus joyeuse et plus légère sur la route de l'idéal ?

(1) Cf. E. Quinet, *Histoire de mes idées.*

XI

L'AMOUR DE DIEU

XI

L'AMOUR DE DIEU.

I

L'idéal revêt mille formes variées : la nature le réalise dans la multiplicité infinie de ses êtres, et l'homme dans la diversité féconde de ses créations. Il offre ici la physionomie concrète et vivante d'une œuvre d'art ou de poésie, et là la physionomie abstraite et logique d'un système de morale ou de philosophie ; il prend ici la figure sensible d'un paysage ou d'un être vivant, et là la figure morale d'une âme ou d'une idée. Mais sous tous ses aspects, qu'il soit orienté vers le vrai ou vers le beau, il incarne un aspect de la vie infiniment féconde. La vie est essentiellement idéal. Elle est aussi amour de l'idéal, aspiration à le contempler et désir de le réaliser. A sa vue, elle se trouble, s'agite, et s'ébranle d'un élan spontané. Elle s'y intéresse de toute son âme, elle se met en marche de tout son être pour l'atteindre Le plaisir esthétique est, au fond, le sentiment exquis d'une perfection naissante.

Ce n'est pas hors de nous, c'est en nous que nous contemplons le beau et le bien. Le monde de la nature, ou le monde de l'art, est un livre que nous interprétons. Il est l'étincelle qui fait jaillir la lumière dans l'âme ; il est l'occasion qui permet à la vie de reconnaître et de désirer une perfection nouvelle. Aimer l'idéal, c'est au fond s'aimer soi-même d'un amour plus généreux. Aimer un paysage ou bien une œuvre d'art, aimer l'homme ou bien la femme, c'est aimer une perfection dont on peut enrichir son être. L'amour est expansion au dehors et tout ensemble progrès au dedans. Il n'est jamais l'effacement, mais plutôt l'affirmation de l'être. Il est générosité et tout ensemble fécondité. Non seulement il façonne des âmes bienveillantes, aptes au don d'elles-mêmes, mais il veut faire des âmes viriles Il est à la fois force et tendresse.

Mais l'amour n'est pas compris de la même façon par des sociétés différentes. Il n'est pas vécu de nos jours comme il l'était dans le passé. Des sociétés communautaires mal préparées à la lutte

économique ne le comprennent pas à la ma-
nière de sociétés particularistes fortement orga-
nisées pour la guerre et pour la conquête sociale. La charité française a sa physionomie
propre comme l'âme française ; et la charité
américaine réfléchit les traits de l'âme américaine.

Nos sociétés communautaires ont surtout glo-
rifié dans l'amour l'élément « tendresse ». Elles
encadrent solidement l'individu ; elles l'habituent
à s'appuyer sur la collectivité plus qu'à compter
sur sa propre valeur. Elles lui demandent moins
les qualités viriles qui font les citoyens indépen-
dants et fiers, énergiques et confiants. Elles lui demandent davantage la bonté qui calme les désirs
et diminue les difficultés de la vie, la puissance
de sympathiser et de donner qui rapproche les
puissants et les faibles, les riches et les pauvres,
corrige les inégalités et soulage les misères.

Les sociétés particularistes glorifient surtout
dans l'amour l'élément « force ». Elles reposent
sur l'homme, leur âme et leur pivot. Toute leur
préoccupation est de l'armer vigoureusement pour
l'action, et de lui chanter l'audace et le courage,
le caractère et la virilité.

Il est vrai que les morales de la vieille Europe, et surtout de l'Europe latine, que le christianisme lui-même ne s'est pas encore nettement dégagé de l'ancienne forme de son idéal, tout tourné vers la tendresse et vers la délicatesse. Mais quand les grands individualistes modernes, les Nietzsche et les Ibsen y voient une morale vieillie, et la rejettent d'un geste dédaigneux, ils confondent le principe de l'amour qui la vivifie avec la façon dont un certain temps, une certaine société l'ont interprétée et vécue. La seule conclusion à tirer, c'est la nécessité d'analyser les conditions nouvelles de la vie sociale, et de moderniser l'idée de l'amour.

« Vis de la vie la plus haute et la plus intense, et fais ce qu'il te plaira » : telle est la maxime d'action que Nietzsche propose à l'homme moderne. Mais la morale chrétienne de l'amour est tout aussi forte et virile, elle est en outre plus riche et plus souriante. « Aime de l'amour le plus pur et le plus riche, et fais ce qu'il te plaira », peut-on dire avec saint Augustin en donnant à l'idée d'amour toute sa richesse et toute sa fécondité. L'amour ne peut être que la « racine

du bien », comme le dit Bossuet ; « l'âme de
la loi est d'aimer et de faire tout par amour, le
reste n'étant que l'écorce et l'extérieur de la bonne
vie ». C'est que faire une chose avec amour c'est
agir avec toute son âme, avec tout son être, de l'activité la plus spontanée, la plus consciente, la plus
voulue, c'est vivre de la vie la plus substan-
tielle et la plus autonome. L'autonomie vraie
ne consiste pas à repousser toute influence, à fuir
toute attraction ; elle consiste bien plutôt à subir
volontairement l'influence de la supériorité morale, l'attraction du beau, et du bien, qui produit
l'élargissement de l'être.

II

La vie aime à graviter autour de la supériorité
morale. Un souverain ou quelque grand donne-
t-il un regard de sympathie ou adresse t-il une parole de bienveillance à quelque sujet du royaume :
la joie et la fierté inondent l'âme de cet humble. C'est là l'image de ce qui se passe dans tout
cœur généreux au contact de la perfection. Autant
la dépendance physique humilie et mécontente

l'homme, parce qu'elle le comprime et le rape-
tisse, autant la dépendance morale le réjouit
parce qu'elle l'élève. Le plus beau titre de gloire
de l'homme est de participer à la cité de l'idéal.

Nietzsche, le prophète de la vie, rejette Dieu,
comme une entité métaphysique, comme un mobile d'action inutile. Le désir de vivre, la « volonté
de puissance », est la source de nos aspirations
vers l'idéal, le principe de nos efforts vers la perfection. La vie « veut » s'épanouir : elle le fait à
travers mille difficultés, à travers mille souffrances, elle veut la difficulté, la souffrance qui
aiguillonnent ses activités. Elle n'a d'autre espérance que celle de s'enrichir, d'autre joie que celle
de se sentir plus pleinement soi-même, d'autre
mobile que le grand désir qui l'ébranle. Le héros
nietzschéen donne le spectacle de la force, de l'é-
nergie indomptable. Mais son attitude choque par
sa raideur ; sa physionomie est dure, et son âme
manque de tendresse. Nietzsche n'a pas conduit
assez loin l'analyse de la vie.

La vie désire l'idéal ; mais elle ne peut le concevoir sans tendre à le réaliser. Elle est, par essence,
créatrice, qu'elle accomplisse son œuvre artistique

en elle-même ou dans les objets qui l'entourent, qu'elle produise le monde de la nature, ou bien le monde de l'art et de la pensée. Comment la vie qui travaille avec une si robuste énergie à tenir toutes ses promesses ne tiendrait-elle pas la plus haute de toutes ? comment l'idéal souverain ne serait-il qu'un grand désir de la vie qui « la fuit d'une fuite éternelle » ? La vie serait-elle vraiment richesse et fécondité si Dieu restait un concept vide de réalité ?

Les êtres de la nature attirent notre amour, parce qu'ils expriment la perfection, mais ils l'expriment toujours partiellement. Aussi ne satisfont-ils jamais entièrement notre cœur. Or, le désir de plaire tend à la satisfaction la plus haute de ses puissances ; il veut la réalité d'un être qui remplisse toutes ses aspirations, qui lui soit le roc inébranlable où toujours il s'appuie. Si Dieu n'existait pas, je le créerais, parce qu'il est la raison la plus haute de ma vie, le foyer d'attraction où s'élance irrésistiblement mon être. Ma vie est inquiète, incomplète sans Dieu ; elle est satisfaite et pleine avec Dieu. J'aime et je veux infiniment Dieu, parce que j'aime et je veux infi-

niment la vie. Croire qu'il existe un être parfait, souverainement aimable et bon, qui assiste
d'un œil sympathique à tous mes efforts, c'est
donner à mon désir de plaire la raison la plus
féconde d'agir, c'est assurer à mon cœur la joie si
douce de se savoir immensément aimé, c'est offrir
à ma volonté l'aiguillon le plus énergique de
ses activités. Il est souverainement beau parce
qu'il est souverainement vital de prier comme
le Christ: « Notre Père qui êtes aux cieux, que
votre volonté soit faite sur la terre comme au
ciel. » « Ma nourriture à moi, c'est de faire la
volonté de Celui qui m'a envoyé, et d'accomplir
son œuvre. » Ta volonté, ô Père céleste, veut
l'épanouissement le plus harmonieux de mon être,
le développement le plus intense de ma perfection, la réalisation la plus complète de , mes puissances. Je veux cette œuvre d'une volonté forte
et persévérante, je combats ce grand combat sous
tes regards bienveillants, fortifié par la joie que
me donne ton amour. Je t'offre mes efforts, je
t'offre mes difficultés, je t'offre ma vie qui se
déploie vers l'idéal. Je suis si désireux de
mériter davantage ton amour ! La tempête

vient de me surprendre au large ; ma barque
a menacé de sombrer sous le choc de la vague
agitée. Le désespoir a traversé mon âme. Puis ma
volonté de vivre s'est ressaisie. A lutter contre
les obstacles, à dominer la tempête, j'ai éprouvé
une joie intense. Mais ma joie était solitaire, et
mon cœur était froid. Mes regards se sont tournés
vers toi, Père céleste : j'ai vu ta sollicitude sourire à mes efforts. Une joie plus chaude, plus rayonnante, a passé sur mon âme. Mes souffrances
ont disparu, mes énergies ont redoublé, ma confiance s'est faite inébranlable. Je n'ai pas seulement accepté la lutte, je l'ai désirée, je l'ai voulue, tant j'éprouvais intense la joie de te savoir
attentif à mes efforts, de me sentir plus digne de
ta bienveillance et de ton amour.

L'amour de Dieu est donc une force. Il est le
mobile d'action le plus concret et le plus efficace,
le plus constant et le plus noble. Il agit sur l'âme
par le charme et par la douceur de ses attraits. Il
est vraiment la « grâce », selon la belle expression
chrétienne. La grâce n'est rien de plus mystérieux,
de plus ineffable, que cet élan irrésistible de la
vie vers la perfection. Tourner son désir de plaire

vers Dieu, c'est ouvrir son âme à la grâce ; purifier son cœur, c'est le rendre docile à son appel. Plus Dieu se rapproche de nous et nous attire de l'éclat de sa beauté, plus se fait intense notre désir de lui plaire et de le posséder. Comment la vie qui veut la réalisation de toutes ses promesses n'aspirerait-elle pas à l'heure de la possession parfaite, Dieu pleinement présent à l'âme, le désir de plaire tendant en elle toutes ses énergies, l'âme réalisant la perfection de son être, et trouvant dans le sentiment de cette réalisation la joie la plus pleine et la plus riche ?

Le besoin de croire n'est, au fond, que le besoin d'aimer. La vie en s'affirmant affirme l'idéal auquel elle tend, Dieu qu'elle désire. Croire en Dieu est une démarche spontanée de la vie, qu'aucune force de mécontentement ne détourne de sa vraie direction.

XII

L'AMOUR DE LA VIE

XII

L'AMOUR DE LA VIE.

La vie est généreuse dans ses intentions. Une robuste énergie lui est nécessaire pour les accomplir. Toutes les erreurs qu'elle commet sont dues à sa faiblesse, non pas à une malice radicale. La laideur n'est pas originelle. L'éducation n'est pas une thérapeutique destinée à modérer le progrès d'un mal incurable. Elle doit être une médecine destinée à prévenir la destruction de la santé. La beauté est fondamentale. La vie veut être une statue harmonieusement ciselée. L'éducateur ébauche l'œuvre dans l'enfant et dans le jeune homme, prépare progressivement en lui l'artiste qui l'achèvera.

La vie ne mérite pas la défiance que généralement elle inspire.

Une psychologie défectueuse fait de l'instinct une force arbitraire ou mauvaise. Elle considère la nature au point de départ de son évolution ; elle relève son organisation grossière, son ignorance et sa faiblesse, ses exigences du corps et des sens, et sa pauvreté d'idéal. Elle la traite comme une force brutale, qu'il faut discipliner, comme une matière inerte ou rebelle, qu'il faut ordonner selon un plan de vérité et de beauté. La raison et la volonté s'ajoutent à la nature pour la réprimer et pour la gouverner. La raison puise la vérité à une source objective, et l'impose à l'instinct. Celui-ci oppose-t-il des résistances ? Il doit se soumettre. Il soit meurtri et douloureux de la lutte ; mais cela même constitue la grandeur morale.

Une psychologie plus soucieuse de la vérité envisage la vie au moment de son évolution. Elle essaye de retrouver l'orientation de sa marche, la loi de son progrès. Le coup d'œil change alors.

L'instinct n'est pas une force aveugle et capricieuse. Une loi le pousse au développement harmonieux de ses énergies. Tous ses actes sont une série de démarches pour réaliser son grand désir. La lumière lui est nécessaire pour éclairer sa route ; il provoque l'éveil et le développement de l'intelligence. Il se ressaisit, tend consciemment les ressorts de son être pour obéir à l'appel de l'idée, il se fait volonté. Le rôle de la pensée est de réfléchir ses aspirations intimes, de les traduire en idées, de les renvoyer à la volonté plus fortes, car plus conscientes d'elles-mêmes. Elle n'a qu'à écouter la voix profonde de la nature pour trouver la formule de son idéal.

L'intelligence et la volonté deviennent ainsi les auxiliaires de l'instinct ; comme lui, elles sont les ouvriers de la vie. Leurs efforts s'associent pour parfaire l'œuvre commune. La vie n'est pas l'ennemie irréconciliable, elle est l'amie fidèle. Elle cesse d'être une lutte pénible contre elle-même, elle est un combat pour sauver son être. Elle n'est pas sacrifice et renoncement, mais affirmation et enrichissement d'elle-même. C'est la méconnaître que de la teindre de couleurs pessimistes ; sa physionomie veut être optimiste et souriante. Elle n'est pas un fardeau, une croix que l'implacable destin charge sur nos épaules. Elle est un trésor confié à notre affection, pour le maintenir intact et pour le grossir. Elle n'est pas souffrance, mais joie, elle n'est pas asservissement, mais émancipation. Elle est amour, liberté.

Dédaigner la vie est une injustice : vénérable et sacrée, elle-est digne de notre confiance et de notre amour. C'est de plus maladresse. Lui montrer de la défiance, c'est, en accusant sa faiblesse, diminuer son désir de lutter pour la grandeur morale, la livrer victime molle et résignée aux difficultés de l'existence. Les individus et les races les moins aptes à l'effort sont toujours ceux qui professent pour elle le plus grand mépris. Les races fortes et les individus désireux de combattre lui donnent une confiance spontanée, un amour robuste. Le dédain de la vie est un sentiment que l'homme cultive avec complaisance pour justifier son manque de courage et la vanité de ses efforts.

Inspirer à l'homme l'amour de la vie, la lui peindre généreuse et bonne, c'est le préparer à la vouloir énergiquement; c'est l'ébranler tout entier vers l'Idéal ; c'est, en redoublant sa joie de vivre, le mieux armer pour la lutte. Nul sentiment n'est plus fécond que l'amour de la vie. Mais un préjugé difficile à dissiper colore d'égoïsme tout ce qui touche à l'être individuel. Seuls, dit-on, les sentiments altruistes ont leur beauté, car ils sont désintéressés. L'idéal est de faire de l'un de ces sentiments l'unité de sa vie : c'est le sentiment du beau chez un Ruskin, l'amour du vrai chez un Spinoza, l'amour du devoir chez un Kant, l'amour de Dieu chez un François d'Assise. — Mais, en dernière analyse, pourquoi l'attrait profond qu'exercent ces sentiments sur l'âme, si ce n'est la richesse et la fécondité de vie qu'ils lui procurent ? Aimer l'idéal, n'est-ce pas s'aimer plus intensément et plus généreusement soi-même ? Les sentiments les plus nobles vivent donc de la substance d'un sentiment plus fondamental. Ils sont un aspect de l'amour de la vie. N'est-ce pas justice et sagesse de rétablir l'amour de la vie dans toute sa pureté, d'apprendre à l'âme l'art de le cultiver, comme le savant cultive l'amour du vrai, l'esthète l'amour du beau, le mystique l'amour de Dieu, le philosophe l'amour du devoir? Soyons des amants de la vie, et puisons dans cet amour fécond la force généreuse de la vivre noblement.

On ne saurait aimer la vie profondément sans profondément la respecter. L'amour est fait de respect et d'admiration pour l'objet aimé. De quels soins tendres et délicats n'environnerons-nous pas la fiancée pour protéger ses blancs habits de fête contre la poussière· de la route, pour détourner d'elle les souillures ? Les passions sont la honte de la vie. Les combattre, ce n'est pas mutiler l'être, c'est le fortifier. Les détruire, ce n'est pas appauvrir l'âme, c'est l'enrichir. Accepter la lutte morale comme une obligation qui s'impose à nous, ce n'est pas bien comprendre les intentions de la vie, c'est la vivre en esclave. La vie veut être autonome, et se donner à elle-même ce devoir et cette obligation. Elle veut aller à la lutte spontanément et de toutes ses forces, avec joie, avec amour. Elle veut dominer les passions par respect pour sa beauté.

L'amant de la vie est en effet un esthète de la vie. L'âme aimante est coquette : elle tend à la beauté pour plaire. Elle sympathise avec ce qui est gracieux et délicat, noble et distingué dans l'attitude ou dans le geste, dans le regard ou dans la parole. L'amant de la vie cultive en lui la beauté morale avec la même complaisance. Dans les désirs et dans les sentiments, dans les actes et dans les pensées, il recherche la générosité,

la distinction. Ne pas pécher ne lui suffit pas ; cela
ne sort pas de la médiocrité morale. Il désire
avoir du « cachet », du « caractère ». Il ne se
contente pas de fuir la laideur ; il aspire à la
grâce. Le banal l'attriste, comme une dissonance
choque l'oreille du musicien, comme un malheureux assemblage de couleurs blesse l'œil du pein-
tre. Tout ce qui est vil et lâche lui paraît intolérable. Ce sentiment de « l'intolérabilité », la tristesse de la « défaillance » morale, réelle chez
tout homme, peu active chez les âmes médiocres,
devient très intense chez les âmes délicates. C'est,
dira-t-on, un sentiment aristocratique, que l'on
ne saurait cultiver dans la masse. Bien plutôt c'est
un sentiment fécond à développer chez tout
homme. Il est le thermomètre moral qui mesure
la richesse de la vie. Nos temps démocratiques
ont émancipé l'homme en brisant la distinction
des classes. Ils ont détruit le règne de l'aristocratie
« civile », mais pour préparer l'avènement d'une
aristocratie « morale ». De plus en plus il est nécessaire de cultiver dans l'homme moderne le
dégoût de la médiocrité et le désir de donner du
« style » à sa vie.

Aimer la vie, c'est non seulement la faire belle et distinguée, c'est aussi la vouloir forte et riche, c'est aller à elle de toutes ses énergies, prendre conscience de ses aspirations les plus profondes, et réaliser tout l'être qu'elle porte en germe. Le désir la traverse irrésistible de toujours progresser, de toujours travailler à de nouvelles conquêtes, de toujours accumuler des richesses nouvelles. L'inquiétude qui la meurtrit l'aiguillonne par la souffrance. Elle n'a de repos que lorsqu'elle est devenue tout ce qu'elle peut être. Son grand devoir, c'est d'achever son poème, c'est de parfaire son être.

Nos sociétés latines, peu portées à l'effort intense, ont jusqu'ici surtout demandé à l'homme de ne pas pécher : vertu négative qui maintient l'existence de l'individu et de la société et diminue les difficultés de la lutte sociale. Aussi connaissent-elles peu le dégoût de la médiocrité et le désir de la distinction. Le sentiment de l'honneur se développe, il est vrai, chez les âmes aristocratiques; mais il façonne surtout l'homme social, et le plus souvent il recouvre une vie intérieure pauvre et vide. Il donne le vernis et non pas la substance de la distinction morale. Les besoins de la société moderne, en faisant de l'effort une loi chaque jour plus inévitable, en imposant à l'homme l'obligation de se fortifier pour la lutte économique, le poussent au développement de plus en plus intense de sa personnalité, et mettent chaque jour plus en relief le grand devoir qui lui incombe de vivre sa vie dans toute son intensité généreuse et féconde.

XIII

L'AMOUR DE L'HUMANITÉ

XIII

L'AMOUR DE L'HUMANITÉ.

I

Peu d'hommes sont capables de développer la vie dans toute l'étendue de ses promesses. Chacun de nous cependant est une idée à réaliser, un poème à exécuter. Si par un vigoureux élan de la pensée nous nous transportions au cœur de l'être, pour assister au déroulement de ses pensées et de ses désirs, si, semblables à l'artiste amoureux des formes, nous suivions en spectateurs désintéressés les efforts que fait la vie pour triompher de la matière, nous serions ravis d'admiration. Les âmes viles en apparence nous offriraient l'ébauche d'une œuvre d'art. Notre amour pour les hommes serait plus confiant et plus spontané. Mais nous les jugeons à leurs actes extérieurs sans pénétrer leur intention, nous les condamnons sur quelques erreurs ou sur quelques faiblesses : pharisiens au cœur sec et à l'œil jaloux, habiles à relever le plus petit défaut de notre voisin ; juges intéressés qui souffrons des imperfections des hommes, et nous laissons aveugler par la souffrance ; esprits autoritaires qui voudrions que les hommes pensent selon nos pensées, désirent suivant nos désirs, sentent et veuillent conformément à nos sentiments et à nos volontés. La vie travaille au foyer de l'être dans le silence et dans le mystère. Aussi faut-il une oreille attentive pour entendre sa voix, un œil sympathique pour discerner sa physionomie. Elle veut être jugée d'un esprit impartial, non pas aux résultats qu'elle obtient, aux faiblesses qui lui échappent, mais aux efforts qu'elle fait, aux promesses qu'elle réalise. L'humanité offre alors un spectacle consolant et doux.

Lorsque Renan, de plus en plus séduit par un idéal aristocratique, rêve à des espèces de dieux ou « dévas, êtres décuplés en valeur de ce que nous sommes », en lesquels les nations seraient concentrées, et qui « se serviraient de l'humanité, comme l'homme se sert des animaux » ; lorsque Nietzsche sacrifie la masse des hommes à la production des héros, et se console de la misère et de la laideur du troupeau dans la contemplation esthé-

tique du surhomme, l'un et l'autre méprisent la
vie. La vie veut être aimée et cultivée chez l'ignorant et chez le pauvre, comme chez le savant et
chez le riche. Renan et Nietzsche ont méconnu la
démocratie avec l'importance qu'elle donne, et le
respect qu'elle attache à l'individu. Leur attitude
morale est entachée d'égoïsme.

II

Tandis qu'une moitié de l'humanité gémit et
pleure, l'autre moitié fait profession de s'intéresser à ses souffrances et à ses larmes. Elle descend
parmi elle, sonde ses plaies, détaille ses misères,
lui offre sa sympathie et sa pitié ; elle sanctifie la
joie qu'elle éprouve à souffrir avec ceux qui souffrent, à pleurer avec ceux qui pleurent.

J'aime la majesté des souffrances humaines.

Rien ne fait à ses yeux l'homme plus grand ni
plus beau que le don de la commisération. « C'est
par la pitié que l'on demeure vraiment homme.
Ne nous changeons pas en pierre comme les grands
impies des vieux mythes. Ayons pitié des faibles,
parce qu'ils souffrent la persécution, et des heu-

reux de ce monde, parce qu'il est écrit : « Malheur à vous qui riez ». Prenons la bonne part qui est de souffrir, et disons des lèvres et du cœur, comme le chrétien à Marie : *Fac me tecum plangere* (1). » Alors on jette un regard mélancolique autour de soi. A la vue de tant de misères, de tant de désirs irréalisés, de tant d'illusions mortes, de tant de cœurs déçus, on gémit et l'on pleure. Cette larme versée est le don le meilleur de son âme, le baume le plus doux que l'on apporte à la souffrance. On prêche aussi la résignation à l'homme :

> O mon enfant, tu vois, je me soumets,
> Fais comme moi, vis du monde éloignée,
> Heureuse ? non. Triomphante ? Jamais.
>   Résignée !
> Une loi sort des choses d'ici-bas
>   Et des hommes.
> Cette loi sainte, il faut s'y conformer,
> Et la voici ; toute âme y peut atteindre :
> Ne rien haïr, mon enfant ; tout aimer,
>   Ou tout plaindre.

Cette soumission aux ordres d'une volonté sainte enveloppe la promesse d'un sourire, l'es-

_____

(1) Le *Jardin d'Epicure*, par A. France.

pérance d'une joie, l'attente d'une preuve d'amour,
qui soulage le cœur blessé. Ceux qui n'entendent
à travers le monde que

> Le silence éternel de la divinité

prêchent pour toute consolation le mépris de la
souffrance :

> Tais-toi, le ciel est sourd, la terre te dédaigne.
> A quoi bon tant de pleurs, si tu ne peux guérir ?
> Sois comme un loup blessé, qui se tait pour mourir,
> Et qui mord le couteau de sa gorge qui saigne.

Ou bien ils enseignent le dégoût de vivre :

> La vie est ainsi faite, il nous la faut subir.
> Le faible souffre et pleure, et l'insensé s'irrite ;
> Mais le plus sage en rit, sachant qu'il doit mourir.
> Rentre au tombeau muet où l'homme enfin 'abrite ;
> Et, là, sans nul souci de la terre et du ciel,
> Repose, ô malheureux, pour le temps éternel.

Sans doute, répondons nous, sympathiser avec
la misère humaine est le fait d'une âme tendre,
le mouvement d'un cœur généreux. Mais toute
preuve de bonté est-elle également généreuse ?
Toute marque de sympathie également efficace ?
Pleurer avec ceux qui pleurent, gémir avec ceux
qui gémissent, prendre en pitié les déshérités de
la vie, est-ce aimer de l'amour le plus viril ? N'est-

elle pas une sympathie impuissante et désarmée
celle qui s'attendrit et console, sans relever ni fortifier l'homme qui souffre ? Au fond, le pessimisme inspire cette attitude. La douleur est au
cœur de l'existence ; la vie est mauvaise, parce
qu'essentiellement malheureuse. Tout effort pour
vaincre la souffrance est une souffrance. Tout désir
de la voir disparaître est une morsure pour l'âme.
Quelle attitude alors sied au malade, sinon de se
résigner ?

> Va ! nous t'obéirons, voix profonde et sonore,
> Par qui l'âme, d'un bond, brise le noir tombeau !
> A de lointains soleils allons montrer nos chaînes,
> Allons combattre encor, penser, aimer, souffrir ;
> Et, savourant l'horreur des tortures humaines,
> Vivons, puisqu'on ne peut oublier, ni mourir !

Quelle attitude convient au consolateur, sinon
de pleurer et de gémir ? La vie serait intolérable
si elle n'offrait à l'âme une occasion de se donner.
Toute sympathie qui sort du cœur de l'homme,
toute larme qui tombe de ses yeux, est une perle
d'amour qui couvre la misère humaine de l'éclat
de sa beauté.

Mais redouter la souffrance, c'est redouter la
vie. « La souffrance, quelle divine méconnue !

Nous lui devons tout ce qu'il y a de bon en nous, tout ce qui donne du prix à la vie. Nous lui devons le courage, nous lui devons toutes les vertus. La terre n'est qu'un grain de sable dans le désert infini des mondes. Mais si l'on ne souffre que sur la terre, elle est plus grande que tout le reste du monde. Que dis-je ? Elle est tout, et le reste n'est rien. Car ailleurs il n'y a ni vertu, ni génie. Qu'est-ce que le génie, sinon l'art de charmer la souffrance ? (1) »

La souffrance est une manifestation de la vie. Elle a sa raison d'être, son prix. Elle est l'aiguillon qui pousse l'homme à se faire chaque jour plus riche, à se surmonter toujours lui-même. La souffrance est désirable, parce qu'elle est la condition d'une belle vie ; la grande souffrance est désirable, car elle est la condition d'une vie héroïque. Vouloir pour soi-même et pour autrui la privation de la douleur, n'est-ce pas aspirer à la vie médiocre ? L'attitude la plus généreuse n'est pas de s'apitoyer sur la misère de l'homme, mais de lui enseigner le courage de

(1) V. Anatole France, le *Jardin d'Epicure*, p. 55-56.

la surmonter. La sympathie la plus bienveillante consiste à ramener la joie de vivre aux âmes pénétrées de tristesse, la confiance et l'espoir aux cœurs qui se découragent et désespèrent. La douleur n'est pas le mal, mais la médiocrité.

Vouloir la souffrance, n'est-ce pas renoncer au bonheur ? — C'est renoncer au bonheur qui consiste dans la cueillette du plaisir et dans la privation de la douleur : bonheur irréalisable d'ailleurs des âmes paresseuses. Car l'être s'immobilise et se noie dans la jouissance. Aussi là vie, désireuse de développer toutes ses richesses, a-t-elle installé le désir au cœur de l'être. L'effort est nécessaire pour le satisfaire, et la souffrance conduit à la joie. Qui n'a pas le courage de vouloir l'effort, de conquérir la joie dans la douleur, redoute le désir qui meurtrit l'âme de ses morsures. Il fuit le désir pour fuir la souffrance, il renonce à vivre, n'ayant pas la volonté de vivre. Les morales de la volupté sont inclinées vers le pessimisme. Mais la joie virile est faite de mille petits plaisirs, de mille petites douleurs ; elle domine les petits plaisirs, les petites douleurs, pour se complaire dans le sentiment généreux d'une vie débordante. Tel le gymnaste soulève des poids lourds, accomplit des exercices d'agilité. Les os craquent, les muscles gémissent sous l'effort immense, la grâce rit sur son visage, et le sourire s'esquisse sur ses lèvres. Mille sensa‑ tions douloureuses arrivent à sa conscience, pour s'y noyer au sein d'une joie ineffable : la joie de s'épanouir dans toute l'intensité de son énergie triomphante. Et le spectateur ne sait ce qu'il doit admirer le plus, de la souplesse et de la vigueur de ses membres, ou de la grâce et de l'aisance de ses mouvements.

... Gémir, pleurer est également lâche, dit le poète. Les larmes sont une plainte. Toute plainte est accusation. Toute accusation est faiblesse et injustice. « Les cris sont indécents à la majesté souveraine », dit quelque part La Fontaine. Si les majestés couronnées n'aiment pas donner le spectacle de leurs larmes, c'est que cette attitude manque de dignité. La vie qui s'aime et se res‑ pecte, s'aime et se respecte dans ses joies et dans ses souffrances. Elle veut la virilité. Aussi bien est-ce l'effort qu'elle demande à l'homme. Les âmes vigoureuses aiment cette attitude énergique ; les âmes faibles repoussent sa dureté. C'est dans les sociétés où l'homme redoute le plus l'effort que s'épanouit la morale de la pitié.

Si l'on analysait le sentiment de la pitié, on le trouverait mêlé d'éléments impurs et d'éléments généreux. « La pitié consiste d'abord à se mettre par la pensée à la place des autres, à souffrir de leur souffrance. Mais si elle n'était rien de plus, comme quelques-uns l'ont prétendu, elle nous inspirerait l'idée de fuir les misérables, plutôt que de leur porter secours, car la souffrance nous fait naturellement horreur. Il est possible que ce sentiment d'horreur se trouve à l'origine de la pitié; mais un élément nouveau ne tarde pas à s'y joindre, un besoin d'aider nos semblables et de soulager leurs souffrances. Dirons-nous que cette prétendue sympathie est un calcul, « une prévoyance des maux à venir » ? Peut-être la crainte entre-t-elle en effet pour quelque chose encore dans la compassion que les maux d'autrui nous inspirent ; mais ce ne sont toujours là que des formes inférieures de la pitié. La pitié vraie consiste moins à craindre la souffrance qu'à la désirer : désir léger qu'on souhaiterait à peine de

voir réalisé, et qu'on forme pourtant malgré
soi, comme si la nature commettait quelque
grande injustice, et qu'il fallût écarter tout soup-
çon de complicité avec elle. L'essence de la pitié
est donc un besoin de s'humilier, une aspiration
à descendre. Cette aspiration douloureuse a d'ailleurs son charme, parce qu'elle nous grandit dans
notre propre estime, et fait que nous nous sentons
supérieurs à ces biens sensibles dont notre pensée
se détache momentanément (1). »

La pitié renferme une certaine joie secrète de
ne pas réellement souffrir des maux d'autrui.

Suave mari magno,

se dit au fond du cœur l'homme qui s'apitoie.
Ajoutez à cela le plaisir plus ou moins avoué de se
sentir supérieur. De l'orgueil et de l'égoïsme se
cachent sous les dehors de la bonté et de la sympathie. L'homme, conscient de sa dignité, rougit
de ses misères ; il ne souffre pas qu'on les en-
courage en s'apitoyant sur elles. Accepter la
pitié, c'est donner le spectacle d'une vie humi-

(1) Cf. Bergson, *Les données immédiates de la conscience*,
p. 55-56.

liée, sans honte et sans pudeur de sa nudité morale, L'exprimer, c'est manquer de respect à la dignité de la personne humaine, c'est mépriser la vie. Mais des communautaires accuseront cette attitude d'orgueil et de raideur : peu habitués à comprendre la souffrance de l'homme meurtri dans le sentiment de sa dignité ; aimánt surtout dans la pitié le geste de l'homme qui feint de s'abaisser pour se donner.

La vraie bonté se purifie de tous éléments égoïstes. Si elle sympathise avec.les souffrances humaines, si elle écoute l'âme en détresse, c'est pour lui dire l'amour de la vie, la libération de la souffrance par l'effort, la conquête de la joie par la volonté. De nos jours où les nécessités de la vie sociale attachent tant de prix à la vie individuelle, où le problème plus complexe de l'existence demande à l'homme chaque jour un plus grand déploiement d'énergie, le meilleur témoignage d'amour à donner à l'humanité, c'est de lui prêcher l'énergie de vivre. La bonté larmoyante qui s'apitoie consacre ses misères, et l'invite à l'inertie, à la médiocrité. Plus dure en apparence, mais plus généreuse, est la bonté qui

le relève sur le chemin de la souffrance, enduroit
son cœur à l'effort, le pousse à vouloir et à
réaliser sa vie dans la douleur.

III

Au fond, deux manières existent de comprendre
la bonté. Mettez en présence l'un de l'autre
un Germain et un Latin. Supposez-les vêtus
de l'étoffe la plus précieuse ; donnez-léur une
âme riche ; choisissez-les parmi ces hommes supérieurs en qui leur temps et leur race ont réfléchi
puissamment leur idéal de la vie. La discussion
commence. Ils s'entendent avec peine. Leurs sentiments s'opposent, leurs idées s'entre-choquent.
Leurs âmes semblent n'avoir aucun point de
contact ; ils ne voient ni ne jugent de même, ils
sentent et agissent différemment. Dirigez la
discussion sur les principes directeurs de l'action,
et faites la théorie de leur attitude morale. Quelque but qu'ils se proposent, l'action ou la pensée,
l'art ou le savoir, l'obéissance ou le commandement, la conquête ou le dévouement, une commune pensée les inspire. L'un et l'autre tendent

à la vie la plus intense. Pour l'un et pour l'autre, la vie se donne, elle n'a de valeur que si elle enrichit les autres. La vie la plus belle s'épanouit en fleurs de générosité et de bonté. Mais un abîme sépare leurs deux attitudes. Ils marchent éclairés d'un commun flambeau ; la route où ils s'engagent bifurque au point de départ. Un thème commun est donné à ces deux artistes : réaliser la vie la plus féconde. Ils vivent l'idée de toute leur âme. Deux poèmes originaux sortent de leurs mains. Tous deux aiment l'humanité, mais chacun l'aime à sa façon. L'un et l'autre veulent la bonté ; mais l'un appelle égoïsme ce que l'autre appelle générosité, l'un dureté ce que l'autre appelle force ; ce qui est faiblesse pour celui-ci est pour celui-là tendresse. Ils voient les choses de la vie avec des lunettes diversement coloriées. Celui-là aspire aux qualités qui le rendent sociable et sympathique. Celui-ci désire les qualités viriles qui préparent à l'action. Ils recherchent l'un et l'autre le bonheur ; tandis que l'un le place dans la cueillette du plaisir et dans l'absence de la douleur, l'autre le cherche dans le développement de l'activité la plus intense. L'un prend pour fin la satisfaction de l'être sensible, l'autre la satisfaction de l'être volontaire. — De deux attitudes, laquelle fournit plus de plaisir et moins de douleur à l'homme ? dit l'un. — De deux attitudes, laquelle enrichit le plus l'être ? dit l'autre. Ils s'avancent ainsi sur le chemin de la vie, poussés par des mobiles différents. Leurs volontés et leurs désirs, leurs pensées et leurs sentiments, s'organisent autour de deux critères opposés.

Des deux éléments qui constituent l'amour, de deux qualités qui composent la vie généreuse, — force et tendresse, — le Latin va davantage à la tendresse, et le Germain davantage à la force. La pente qu'ils sont portés à descendre, c'est pour l'un la bonté qui devient faiblesse, c'est pour l'autre l'énergie qui se fait dureté. L'amour viril se constitue de force et se colore de tendresse : tige vigoureuse qui pousse des fleurs délicates et douces. Plus que tout autre peuple, le Français est capable d'opérer la jonction entre les deux courants qui se partagent l'humanité, de jeter le pont entre la morale de la force et la morale de la délicatesse.

Notre pays est tourné pour une moitié vers le Nord, et pour l'autre vers le Midi.

La France du Nord participe au climat plus rude et à la végétation plus sévère des régions septentrionales; ses populations normandes ou picardes, flamandes ou lorraines, plus lourdes d'esprit, plus indépendantes de caractère, plus désireuses de vie intérieure, sont aussi plus aptes à l'énergie et à l'initiative, aux larges brassements d'affaires. La France du Midi est plus douce et plus ensoleillée; la nature y est plus spontanément généreuse; ses populations gasconnes, toulousaines, ou provençales, sont plus portées à la vie commune, plus sensibles aux charmes de la vie sociale, plus aptes à la sympathie, plus soucieuses de grâce et de beauté. Ces deux France se fondent dans une région moyenne, où se fait l'équilibre des deux climats, des deux formes du travail, des deux esprits, des deux tendances morales, depuis Genève jusqu'à Angers en passant par Lyon, Mâcon, Dijon, Vendôme. C'est la patrie des Rousseau, François de Sales, de Sève, Ballanche, Lamartine, saint Bernard, Bossuet, Lacordaire, Ronsard et du

Bellay : âmes tendres et pour ainsi dire fondantes, aimantes et expansives, aptes au don généreux d'elles-mêmes, et portées à l'action par la parole et par l'épée, comme orateurs ou comme poètes. La France occupe en outre cette situation privilégiée d'être au carrefour des grandes routes historiques entre l'Espagne et l'Allemagne, entre l'Angleterre et l'Italie, qui lui apportent leurs idées les plus variées, comme en un laboratoire actif où elles s'entre-choquent, s'entremêlent et se clarifient. Mariant en elle les contrastes de l'Europe, également distante du Nord et du Midi, et sans cesse recevant leur double choc, elle est plus portée par ses hérédités vers la douceur et vers la tendresse, mais elle est apte à puiser dans son contact avec les races septentrionales plus de vigueur et plus d'énergie.

TABLE DES MATIÈRES

Poitiers. — Société Française d'Imprimerie et de Librairie.

www.ingramcontent.com/pod-product-compliance
Lightning Source LLC
Chambersburg PA
CBHW061016280326
41935CB00009B/982